幸福
文化

翻轉月光焦慮
的理財必修課

投資，是存給自己的安全感。
用ＥＴＦ搭配科技基金，
打造３年獲利１００％、
資產翻倍的安心財務計畫

詹璇依——著

目錄

CHAPTER 1　從月光小公主，到 3 年獲利 100 萬的家庭財務長

- 理財沒有擅不擅長，而是要不要開始　　6
- 把握「第二好」的投資時機：就是現在　　12
- 有多少錢才能退休？先想想：未來要過怎樣的生活　　21

CHAPTER 2　不會獲利的理財觀，要馬上除錯！

- 投資之前，先了解有多少財可以理　　34
- 整個市場，好像只有自己沒賺錢？　　40
- 破解 8 個常見投資迷思　　45
- 孩子最該學會的課題：理財　　54

CHAPTER 3　有效率、不踩雷的階段性理財規劃

- 無痛改變用錢習慣、不再月光的六個步驟　　60
- 租屋小資和三明治族群，如何有效地儲蓄理財？　　68

- 評估買房的兩個重點：年收和頭期款 …… 74
- 人生各階段的保險內容建議和挑選原則 …… 81
- 打造最佳微笑曲線！活用定期定額的優勢 …… 97
- 為將來退休的自己準備好現金流 …… 105

CHAPTER 4 投資配置加入科技基金，本金翻倍、獲利有感！

- 不敗的科技基金，也是我的起家厝 …… 116
- 獲利高手才懂的「加碼」時機和額度 …… 128
- 比起賺多，更要思考如何賠少 …… 148
- 現在的月薪，可以投資哪些標的？ …… 156

CHAPTER 5 一分耕耘、百分收穫的資產長大術

- 學會股債配置，是資產翻倍的關鍵 …… 178
- 建立不同帳戶「專款專用」準則 …… 191
- 最有價值的資產，是自己！ …… 196
- 【特別附錄】從小培養孩子財商，讓他成為富一代 …… 204

| 後記 |　理財，是掌握人生的關鍵！ …… 216

CHAPTER 1

從月光小公主，到 3 年獲利 100 萬的家庭財務長

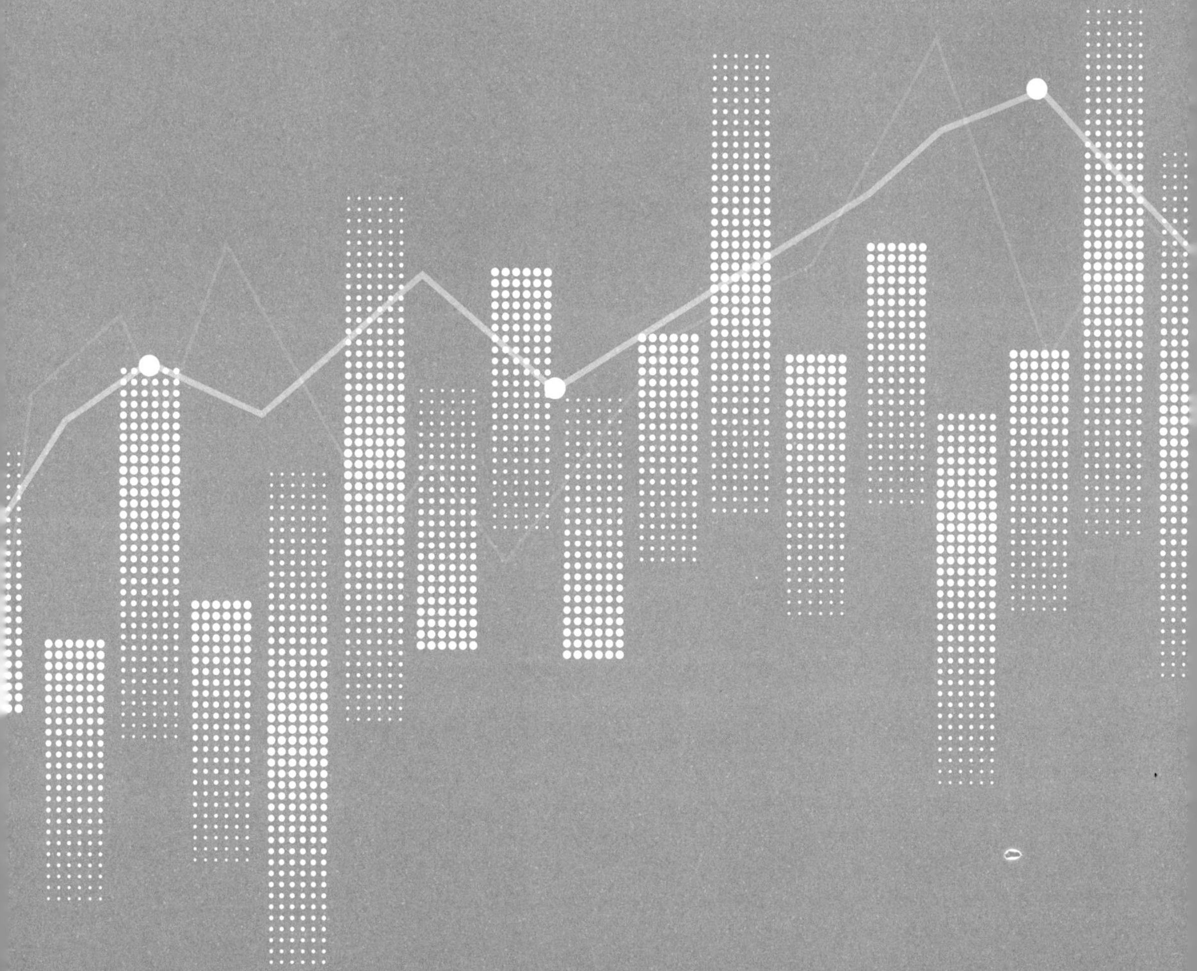

理財沒有擅不擅長，而是要不要開始

理財就是理生活，其實理財的想法正是我們生活的樣貌縮影。關於「消費」，應該是需要的物品在能力範圍所及買最貴的，而不需要的絕對不買。以上是我現在想要分享給讀者的，但十多年前剛出社會的我，可不是如此呢！

如果現在上網搜尋我的名字，就會知道我可是著名的月光公主；曾經我也不分不清「需要」跟「想要」，迷失在慾望跟及時行樂之中。在電視台上班，充斥著光鮮亮麗，看著其他記者夥伴還有漂亮的主播前輩提著名牌包，蹬著昂貴的高跟鞋，我以為那就是在媒體圈上班該有的樣貌。

領到 3 萬月薪，馬上拿去買 2 萬名牌包

無論是自卑心作祟怕自己上不了檔次，亦或是虛榮心使然，那時才剛過試用期，政大新聞所碩士畢業的我，用領到的第一份 3 萬 1 的月薪買了要價 2 萬的名牌名片夾。

選擇名片夾的原因，單純是包包太貴了買不起，加上自己是菜鳥記者，每天重複數十次的遞名片，**沒有職場經歷空有學歷的我，每次拿出名牌名片夾，彷彿就有了自信。**

當時我不知道，除了佩戴著這個有大大鐵三角 logo 的名牌名片夾，還有什麼辦法可以證明自己很不錯，也或許可以讓自己看起來不那麼菜。

買名牌加上房租跟生活費讓我過上了月光公主的生活，你問我後悔嗎？其實並不，**因為那確實是我當時的價值觀，真心想要、內心也認為自己需要，就是需要。**老實說，還真的有某位資深品牌公關，因為那個名片夾和我開啟了話題，進一步發現我其實很不錯，給了我獨家採訪的機會。

但無論如何，打開話題都只是敲門磚，**沒有實力、沒有能耐，終究是無法在職場長存的。**因此，現在我則是讓自己成為了名牌，足以頂著財經專家的頭銜笑著分享過去月光公主的軼事。

從來沒有為錢煩惱，直到買了第一張股票

但金錢觀跟價值觀的形成，來自原生家庭的影響很大，我能夠在無負債的狀況之下，買名牌包放縱慾望享樂，是因為我很幸運啊！在我的認知裡，我是被「富養」長大的孩子，<u>所謂的富養並不是讓我花錢無節制，而是從小到大，父母都沒讓我為錢而煩惱</u>，我連「學貸」為何物都不知道，更遑論投資理財，或是金錢分配的能力跟概念。

但進入財經電視台上班成為記者，卻是我人生最關鍵的轉折，日日寫產業新聞、參加法說會跟股價為伍，激發我想投資理財的念頭。

「我想買股票，股票好像很賺錢！」腦中萌生出這樣的念頭，月光公主想要翻轉每月歸零的存摺數字，但買股票得要先有一筆資金，尤其在 2011 年當時，盤中零股還沒開放，要買零股只能等收盤，市場氛圍也習慣一張一張買股票。

也就是說，假如我想買股價 35 元的股票，一張得要 3 萬 5 千元，這對月光公主來說可不容易，<u>於是我開始學習規劃分配金錢，也決心從改變生活習慣做起。</u>

CHAPTER 1

從月光小公主，到 3 年獲利 100 萬的家庭財務長

● 好不容易存到 10 萬，買了第一張股票卻賠了 20%！

先是善用公司資源，利用下班後的時間讀公司固定會有的財經雜誌，慢慢累積產業敏感度和財經知識，不只充實了內在，也幫助我在工作上更有效率，更快擺脫菜鳥記者的稱號！此外，更時刻叮嚀自己要投資就要有儲蓄，於是我盡可能減少物慾、延遲享樂，每個月盡可能存下 3,000，有幾個月還能存下 6,000。約一年過後，菜鳥記者如我也領到人生第一筆年終獎金，算了算儲蓄跟年終獎金加起來，月光公主有了 10 萬本金，開始人生初次買股票的經驗。

猶記得當時自信滿滿，仗著有跑線經驗，對科技產業也有一定了解，在 2014 年 8 月從交割戶買的第一檔股票是蘋果供應鏈；<u>當時買進的理由是看報紙新聞，只聽消息面滿滿利多，卻沒仔細看線圖跟分析基本面。</u>當時股價早已來到相對高點，我買進價格 35 元，直接套牢在歷史高點，線圖開始一路向下再也不回頭，後來忍痛停損砍在 28 元，首次投資就是滑鐵盧出場。

● 就算長期持有後獲利，買在高點就不是好投資

後來檢討投資失利的原因，就是我犯了所有散戶會犯的錯，只聽信消息面買股票，並沒有徹底研究才進場，對當時

投資沒獲利，9成的原因是盲目！

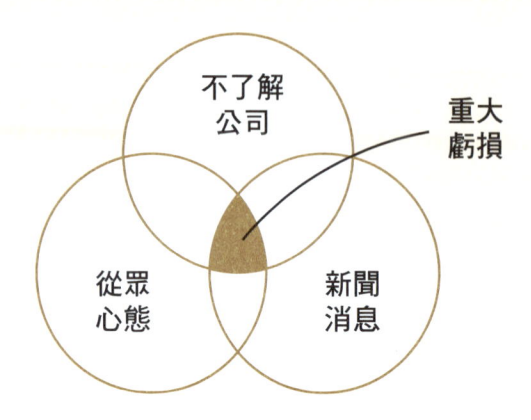

```
        不了解
         公司
            \___ 重大
                 虧損
   從眾         新聞
   心態         消息
```

➡ 只聽表面消息，沒了解一家公司就跟風買股，一定會虧！

小資族的我來說，損失的金額也不是小數目。那次學到的教訓就是，深刻明白到往後投資的每一分錢，都要先清楚「為何而買」，並且確定是好公司、好團隊以及最關鍵的好價格。

巴菲特就曾說：「投資股票所需要做的，就是要以低於其內在價值的價格買入股票。」再好的股票如果買在過於昂貴的價格，都稱不上是好的投資。至於我買的那檔股票呢？在2014年後，接下來5年的股價都在17元～30元之間遊走，重見35元的價格時，居然已經是2020年。

不過，這檔股票因為搭上 AI 供應鏈商機，在 2023 年突破百元，也就是說如果我當時不理睬這支股、放個十年，結局會完全不同，但我一樣不後悔，因為那並不是我徹底研究且有信心長期持有的股票啊！驗證了一句投資老話，「靠運氣得到的，終究會靠實力輸回去」。

把握「第二好」的投資時機：就是現在

說到十年前，大家如果對投資理財有嚮往，肯定常聽到一種說法：「投資最好的時機是十年前，第二好就是現在。」的確，如果十年前我抱著那檔股票，買了之後忘了它，第一次買股票的結果也不會以失敗收場，但也只是個小確幸，本金太少的話，並不足以改變人生。

ETF「打包整籃股票」的特色，有效分攤風險

就連台積電也通用這個十年理論，十年前（2014 年）

台積電均價在 120 元，2024 年正式站上千元，也就是十年翻十倍的意思。但是若以宏達電來看，十年前（2014 年）的均價當時比台積電還高，大約是 140 元。可別忘了宏達電在 2011 年股價衝上 1,300 元，躍居台股股王，三年後股價就只剩十分之一，而十年後（2024 年）股價為 45 元，市值蒸發超過 1 兆元。

而在 2024 年 11 月，美股半導體產業也發生足以寫進教科書的重大改變，連續兩年漲幅近 400% 的輝達（Nvidia）取代英特爾（Intel）加入道瓊指數，誰能想到英特爾在 1999 年與微軟一同加入道瓊成分股，當年是唯二的科技公司；二十五年後，微軟不只還在，還是科技七大巨頭之一，亦是 AI 浪潮下四家雲端供應服務商（CSP）的業者之一，英特爾沒跟上 AI 浪潮，股價寫下五十年新低，因此「被下車」。

從這些個案中，顯見無論台美股市的個股，發展都難以掌握，十年變化之大，也因此才讓這幾年 ETF 等指數型投資應運而生，<u>**因為打包一籃子股票可以做到降低風險，也能參與市場成長**</u>，加上盤中零股交易以及定期定額等便利投資人的投資工具發展普及跟多元，我想跟讀者說，<u>**最好的投資時間應該是現在**</u>。

● 投資，是為了將來的自己

每一次當我說「現在就是最好的投資時機」，最常接收到的回應通常是「現在是高點吧？」、「已經漲很多了耶！真的可以進場嗎？」，我就會反問：「那如果今天是股災，市場大跌，你敢進場嗎？」我們總是會覺得指數處於高點並因

從 2000 年到 2024 年，台股美股都是向上趨勢

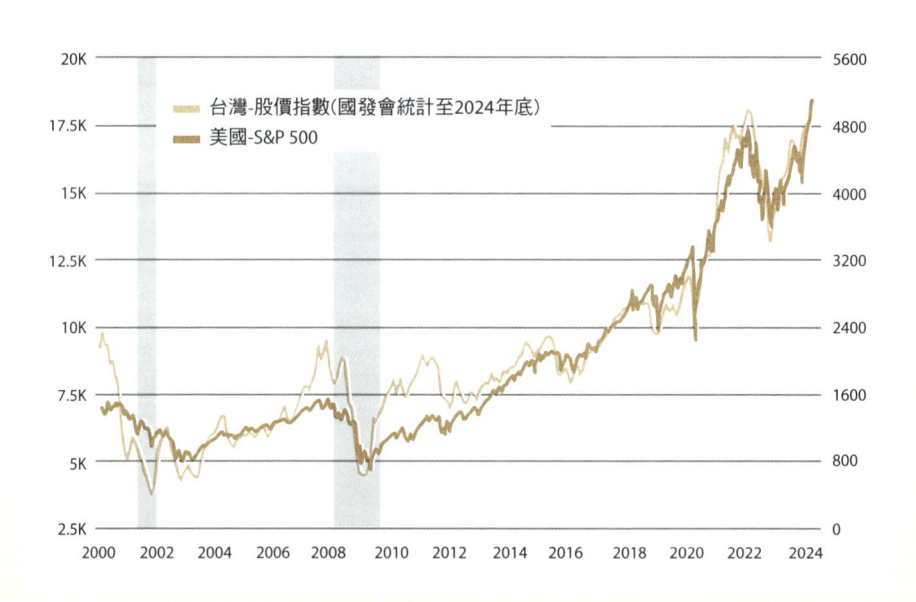

台灣-股價指數(國發會統計至2024年底)
美國-S&P 500

➡ 從長期來看，無論台股或美股，都是一個向上的市場。

此卻步，但這其實就是股市長期向上的特徵。**即使市場屢創新高，但只要未來繼續上漲，現在的高點也會變成未來的低點。**

這裡我想強調的是，現在的投資人已經有很多能夠做到分散風險買下市場的工具可以選擇，也就是直接追蹤大盤的指數型 ETF，或是常聽到的市值型 ETF，例如台灣的元大台灣 50（0050）、富邦台 50（006208）、美國的 SPDR 標普 500 指數 ETF（SPY）、Vanguard 標普 500 指數 ETF（VOO），甚至 Vanguard 全世界股票 ETF（VT）是買下全世界。

儘管你已經錯過十年前的漲幅，但現在還來得及為十年後的自己做準備，快讓錢錢進入市場幫你賺錢吧！

投資的時間越長，獲得正報酬的機率越高

2024 年末，蘋果即將邁向市值 4 兆美元，穩坐全球市值冠軍霸主，雖然因為 2025 年 4 月的關稅風波、股價驟跌，市值消失約 1 兆美金，不過，如果在 1980 年蘋果上市時投資 1 千美元，到今天的話，資產能暴增至約 186 萬美元，報酬超過 1,800 倍。

蘋果於 1980 年 12 月 12 日以每股 22 美元上市，經過多次股票分割，至今賣出約近 25 億支 iphone 手機，並憑藉著生態圈的軟體服務收入，鞏固全球市值霸主寶座。根據回測資料顯示，投資蘋果 10 年，報酬率為 789%、5 年則為 286%；就算才投資 1 年，報酬率也超過三成。但如同前述，若投資人在上市時就買進蘋果且持有至今，報酬超過 1,800 倍，顯示持有越久、報酬越驚人，看看蘋果股價從上市至今

若蘋果一上市就買，現在報酬可能達到 1,800 倍！

253.84 USD
+253.72(211,436.75%) ↑

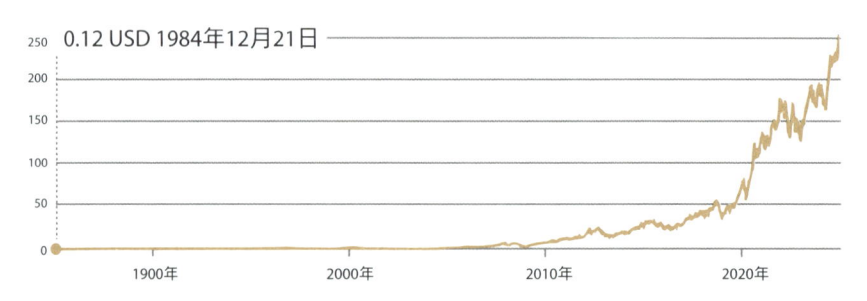

0.12 USD 1984年12月21日

*統計時間至 2024.12.23

➡ 蘋果於 1980.12.12 上市，到 2024.12.23，股價已從 12 美金成長到 254 美金。

的走勢圖便一目了然。

　　當然用個股作例子容易有倖存者偏差，以下就分享我在產業多年，親眼見證股價腰斬再腰斬的個股案例：諾基亞和 TPK- 宸鴻科技集團。

　　上述兩家公司都曾風光一時，**卻因為沒有足夠的創新跟獲利能力，讓股價一蹶不振**，不只是時代的眼淚、更是很多投資人的痛，這樣的公司就不適用長期投資；我提出的案例

七年級生的不敗神機，股價於 2000 年代達到高點

市場概況 > 諾基亞

4.26 EUR
+4.17(4,362.78%) ↑

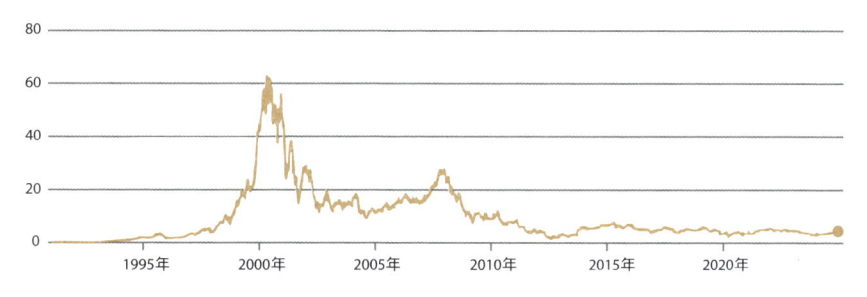

*統計時間由個股上市至 2024.12.23

➡ 於 2005 年跌至腰斬以下，就再也沒有回去。

高點時曾突破 700，現在則不到十分之一

市場概況＞TPK Holding Co Ltd

39.00 TWD

+38.40 (6,624.14%) ↑

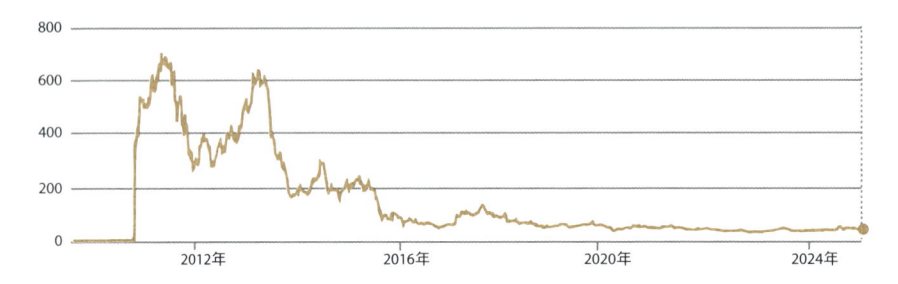

* 統計時間由個股上市至 2024.12.23

只是冰山一角，但這顯示出投資人選擇持續成長的好標的是不容易的。也因此，投資起手式最好的就是市值型ETF，當然我也建議可以搭配台股基金跟科技基金，有機會創造超額報酬，後面會有跟更多關於投資搭配的選擇和說明。

接著，我們再來看美國跟台股市值型ETF的股價走勢圖，分別是SPDR標普500指數ETF（SPY）和富邦台50（006208）。

由走勢圖的顯示中可以發現，長期持有SPY（追蹤美

CHAPTER 1

從月光小公主,到 3 年獲利 100 萬的家庭財務長

追蹤美股 S&P 500 指數的 ETF(SPY),總報酬率 1241%

市場概況>SPDR標準普爾500指數ETF

589.34 USD

+545.40 (1,241.24%) ↑

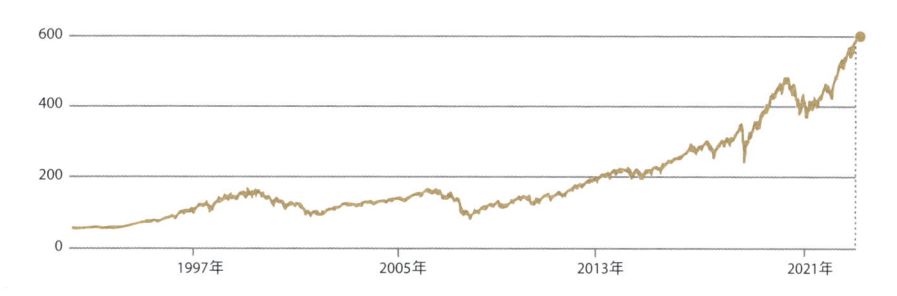

* 統計時間由個股上市至 2024.12.23

➡ SPY 成立 30 年來,長期趨勢一路往上。

股 S&P 500 指數的 ETF),買進的是美國前五百大的好公司,年化報酬有 12%,成立近 30 年以來,總報酬率為 1241%;而台股的 006208(基本上是 0050 的雙胞胎),從 2012 年上市至今,報酬率近 300%,年化報酬率約 8%,根據「七二法則」,若從一開始就買進投資,9 年後資產就會翻倍。

但從這兩張圖也可以看到,雖然市值型 ETF 價格走勢是一路向上,這一類市值型 ETF 持有的成份股是市值排名

最大的股票，**能直接參與一個國家的股市和經濟成長，但也會受到短期的系統風險跟總體經濟環境影響**，所以看到 ETF 價格會因為各種事件起起伏伏產生波動，甚至跌勢持續好幾個月；但在這種時候無法忍受帳面虧損而離開市場就太可惜了，因為買進市值型 ETF，雖然短期會遇到波動，但長期趨勢逐步向上成長。從前面這兩支 ETF 走勢圖也能確定這件事：持有時間越長，獲得的正報酬的機率就越高。

台股的指數型 EFT（006208），成立至今報酬率為 300%

市場概況 > 富邦台灣采吉50基金

114.30 TWD
+84.86 (288.25%) ↑

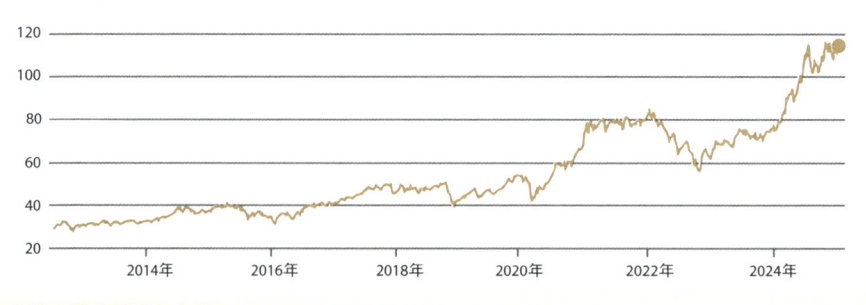

* 統計時間由個股上市至 2024.12.23

➡ 上市至今約 13 年，年化報酬率也達到 8%。

CHAPTER 1

從月光小公主，到 3 年獲利 100 萬的家庭財務長

有多少錢才能退休？先想想：未來要過怎樣的生活

遇過不少人在實體論壇擔心的問我：太晚才開始存退休金，怎麼辦？我的回答也是一樣的，**當開始意識到這件事就是最好的新芽，選對工具跟方向，靠著時間複利就能享受未來結出甜美的果實。**

40、50 歲才規劃退休金，其實有一個優勢！

甚至我覺得到了一定年紀，也許是不惑之年的四十甚或是接近知天命的五十大關，才開始存退休金或想要理財，其

實有潛在的優勢。這個年紀應該是處在收入的巔峰期，同時更明事理跟具社會經驗，對於享樂物質慾望的追求減少，在乎的是踏實且穩固的質感生活，更可以透過財務規劃將每一分錢花在刀口上。

當然，比較晚意識到理財重要性的相對風險就是，可能會為了追趕進度而禁不住誘惑，被高獲利誘惑卻導致血本無歸，所以恭喜你，正在看這本書培養財商知識，建立正確的投資觀念，打造自己的金融知識護城河，遠比急就章來的重要，你會明白，太晚開始也不需要著急。

所以，現在就開始行動吧！**錯過十年前也不晚，「現在」就是投資最好的時機，讓未來的自己可以感謝現在的你。**

退休金多少才夠用？一定要考慮通膨！

「有多少錢才能退休？」這個問題並沒有一個固定的答案，退休所需金額取決於個人的生活方式、支出習慣、健康狀況以及投資策略等多重因素。有的人只需要 600 萬，有的人卻可能 3 千萬都不夠。**請理解到價值觀是因人而異，退休金的多寡也是如此。**

現在的 1 千萬，在 30 年後可能只剩 300 萬的價值！

通膨幅度／年	10 年	20 年	30 年
2%	820 萬	673 萬	552 萬
3%	744 萬	554 萬	412 萬
4%	676 萬	456 萬	308 萬

➡ 在不同通膨幅度的影響下，現在的 1 千萬到了 10、20、30 年後的未來，價值剩下多少。

　　準備退休金的最佳時機，這個問題既簡單又複雜，最簡單的答案是「現在」或「越早越好」；越早開始準備退休金，每月或每年需要投入的金額就越少，並且透過投資市場的報酬和時間複利效果，達成退休目標會更輕鬆且快速。

　　我們先一步步了解退休後的目標生活費，**也就是先計算必要開支**，包含房租或房貸、保險、醫療費用；**其次則是退休後的支出變化**，例如通勤成本退休後不復存在，但卻可能增加旅行及其他娛樂支出；整體而言，就是要先算出所得替代率。

　　假設退休前的月所得是 8 萬，期待退休後可以保有七成退休前薪資的水準生活，那就代表期望所得替代率是 70%，

退休後每個月需要的錢是 8 萬 × 70%=5 萬 6 千（元）。也別忘了，在計算目標生活費的同時，都得要將通膨影響考慮進去，通膨會侵蝕金錢的價值跟未來購買力。

有句話是「錢錢不是不見，是變成喜歡的模樣」，不過在通膨衝擊下，錢錢不會憑空不見，但也沒有變成喜歡的模樣，而是越來越薄……上頁表格以 1 千萬為例，在什麼都不做的狀況之下，面對通膨巨獸，錢會變得有多薄。

從上頁的表格可以看出，<u>在 3% 通膨幅度下，20 年後的購買力直接打 55 折</u>，換句話說支出得要增加近一半；如果在 4% 的狀態下，更直接打 4 折，購買力只剩 456 萬。

簡單回推退休後錢夠不夠用：「4% 法則」

另外，在討論退休金時，我們還時常運用「4% 法則」作為參考，簡單來說，「4% 法則」是一個常用的退休金計算方式，表示每年從投資組合中提領 4% 作為生活費，理論上可以支撐約 30 年的退休生活。例如，如果需要每年 60 萬元的生活費，那麼退休金應該準備約 1500 萬元（60 萬 ÷ 4% = 1500 萬）。

不過，看似美好、有源源不絕現金流的 4% 法則，前提是有著三項重要的背景假設：（1）資產必須股債配置：50%~75% 的股票比例以及 25%~50% 的債券比例，並且投資年報酬率假設 7%。（2）每年提領率維持 4%。（3）假設每年通膨率 3%。

那接下來我們就以 4% 法則來做計算，以上述的假設跟投資比例讓大家知道，達成財務自由並不是難事。或許你聽過 531 或是 532 法則，但我傾向 433，也就是我認為至少要將每個月收入的三分之一都投入投資理財、延遲享樂，盡早讓資產成長，錢才能快快幫我們賺更多錢，實現財富自由的理想生活。

4% 法則是什麼？

4% 法則（Four Percent Rule）又稱為「4% 提領率」，是一種用來進行財富自由試算的經驗法則，源自 1994 年美國財務顧問威廉・班根（William P. Bengen）的研究發現，如果每年從退休帳戶的投資組合中領出 4% 作為生活費，資金可持續領至少 30 年也不會被領完！

以月薪 5 萬、年齡 35 歲開始準備退休金的例子，套用 433 法則（先準備好了緊急預備金約 30 萬之後），也就是將每個月薪資和所得的 40% 用在必要的支出（保險跟貸款支出等），30% 分配在提升生活品質跟日常花費，30% 用在儲蓄投資理財，金額將分配如下：2 萬元用在必要支出、1 萬 5 千元日常花費及提升生活品質、1 萬 5 千元用於投資理財，而投資理財的規劃可以分兩種，見右頁圖表。

以上的試算顯示出，如果想實現財富自由，目標首重「資產配置」，再者，如果投資組合持有現金的比率越低、在股票資產的比率越高，根據 4% 法則試算，達成財富自由需要的時間會繼續縮短。根據統計，2012~2024 年台股的年化報酬率達 8%，美股的年化報酬率更達 11%，而透過「複利」效應，實現財富自由的退休生活非天方夜譚。

如果是從 25 歲就開始，比範例中的 35 歲提早 10 年開始進行退休規劃，並且提高在股票比例的配置，更可以縮短跟財富自由的距離，以 4% 法則計算，50 歲即可達成財富自由。但上圖的試算內容中，還有許多條件未加入，像是隨著年紀增加、薪資也會增加，每月可投入金額也可能為逐步成長為 1 萬 5 千元 × N 倍，那距離財富自由也更靠近！只是別忘了投資三要素：長期、堅持和紀律。

CHAPTER 1

從月光小公主，到 3 年獲利 100 萬的家庭財務長

月薪 5 萬，「433 法則」將 15,000 元放入投資的兩大配置方向

【15,000 的保守投資配置】

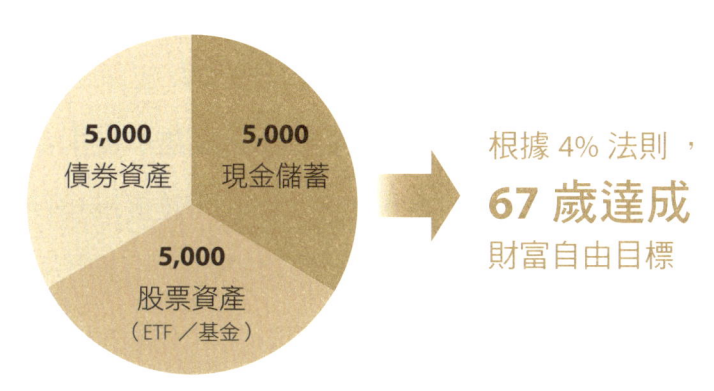

- 5,000 債券資產
- 5,000 現金儲蓄
- 5,000 股票資產（ETF／基金）

根據 4% 法則，
67 歲達成
財富自由目標

【15,000 的積極投資配置】

- 4,500 債券資產
- 7,500 股票資產（ETF／基金）
- 3,000 現金儲蓄

根據 4% 法則，
59 歲達成
財富自由目標

* 試算假設：每年現金的報酬率為 −4%（即未來每年通膨率 4%）／每年投資的股票 ETF 扣除通膨的報酬率為 5%／每年投資的債券 ETF 扣除通膨的報酬率為 1%。

財富自由並非吃大餐不看價格，而是能選擇自己想做的事情

至於想過上什麼樣的生活，可以先反思自己目前在財富自由的哪個階段，先以 Level Up 為目標，只要開始有自覺都不難；想跟各位分享，**財富自由不是「有花不完的錢」，而是能夠無憂無慮地應對生活中各種需求，並實現自己的價值和夢想**。透過清晰的目標設定、穩健的財務規劃和理性的消費習慣，財富自由並非遙不可及。

請想像這樣的一天：清晨醒來，陽光灑進窗戶，你感到前所未有的輕鬆，不再需要為賺錢養家的壓力而焦慮。今天，沒有必須完成的工作任務，也沒有經濟上的擔憂，**你能完全按照自己的意願安排每一分鐘**。無論是沉浸在一本你一直想讀的書中，計劃一場久違的旅行，還是追尋多年的興趣愛好，這一切都不再遙不可及。

更棒的是，我們有足夠的時間與所愛的人相處，不再被工作日程或財務壓力分散注意力。可以專心陪伴家人，參加孩子的每一場比賽，傾聽伴侶的心聲，與父母分享更多珍貴時光，並且全然專注於那些真正重要的事，而不再為生活的瑣事所累。

財富自由 6 階段，目標是前往下個階段

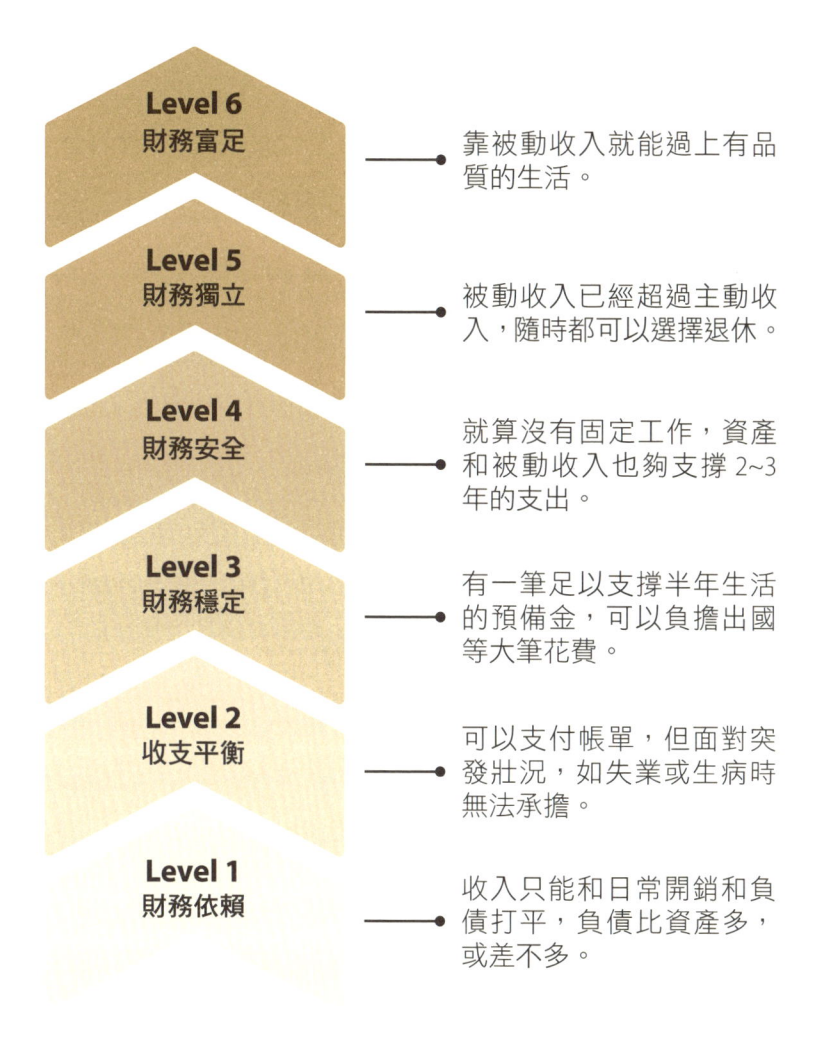

Level 6
財務富足 ── 靠被動收入就能過上有品質的生活。

Level 5
財務獨立 ── 被動收入已經超過主動收入，隨時都可以選擇退休。

Level 4
財務安全 ── 就算沒有固定工作，資產和被動收入也夠支撐 2~3 年的支出。

Level 3
財務穩定 ── 有一筆足以支撐半年生活的預備金，可以負擔出國等大筆花費。

Level 2
收支平衡 ── 可以支付帳單，但面對突發狀況，如失業或生病時無法承擔。

Level 1
財務依賴 ── 收入只能和日常開銷和負債打平，負債比資產多，或差不多。

※ 參考資料：永豐銀行 豐雲學堂

這就是財務自由的人生，**不僅僅是擁有豐厚的資產，更是一種選擇的權利**，我們可以選擇如何度過每一天，如何實現自我的價值與夢想，我們不只擁有資金的保障，還能獲得心靈的平靜與生活的掌控力。

已經開始投資的你，真的超棒！

我在 2025 年初開啟了自己的 YouTube 頻道，雖然知道在短影音充斥之下，長影片很難突圍，但我相信如同現在看書的讀者一樣，透過系統化內容跟口語化的傳遞，是更可以幫助架構內容跟財商的，也因此，我成立頻道的初衷就是希望能讓更多投資人少走一點冤枉路。

第一支影片的標題內容分享的是「為什麼投資老是賠錢」，因為這是我最常被投資人問到的問題，也是這個段落的重點，**希望大家不要放棄，只要開始走對路，都來得及選擇想要的生活。**

我相信正在看這本書的你，是希望能夠提升理財能力、想改善生活品質、學習理財規劃、並且確認自己投資保險跟資產配置比例是否正確。不用擔心，這本書的內容，是可以

讓你立刻「現學現賣」，感受到投資確實獲利、本金成長有感！最後，你可以幫自己和家人打造想要的財富藍圖，實現理想中的生活。

投資是一個時間與資本複利增長的遊戲，越早開始投資，時間的複利效應越能發揮作用；雖然晚一點開始的話，可能需要更多的資金投入才能達到同樣的目標。**而要讓資產穩定增長的核心，就是持續投資並長期持有，一直待在市場並且忽視下跌帶來的恐慌**，靠時間的力量獲得甜美的報酬果實。

關鍵在於選擇優質標的，最基礎且令人放心的就是指數型基金，也就是市值型 ETF；進一步追求超額報酬，可以投資主動型的股票基金以及持有大型龍頭績優股。結論其實很簡單，選好標的、定期定額，即使高點進場，堅持投資就有好回報。

CHAPTER 2

不會獲利的理財觀，要馬上除錯！

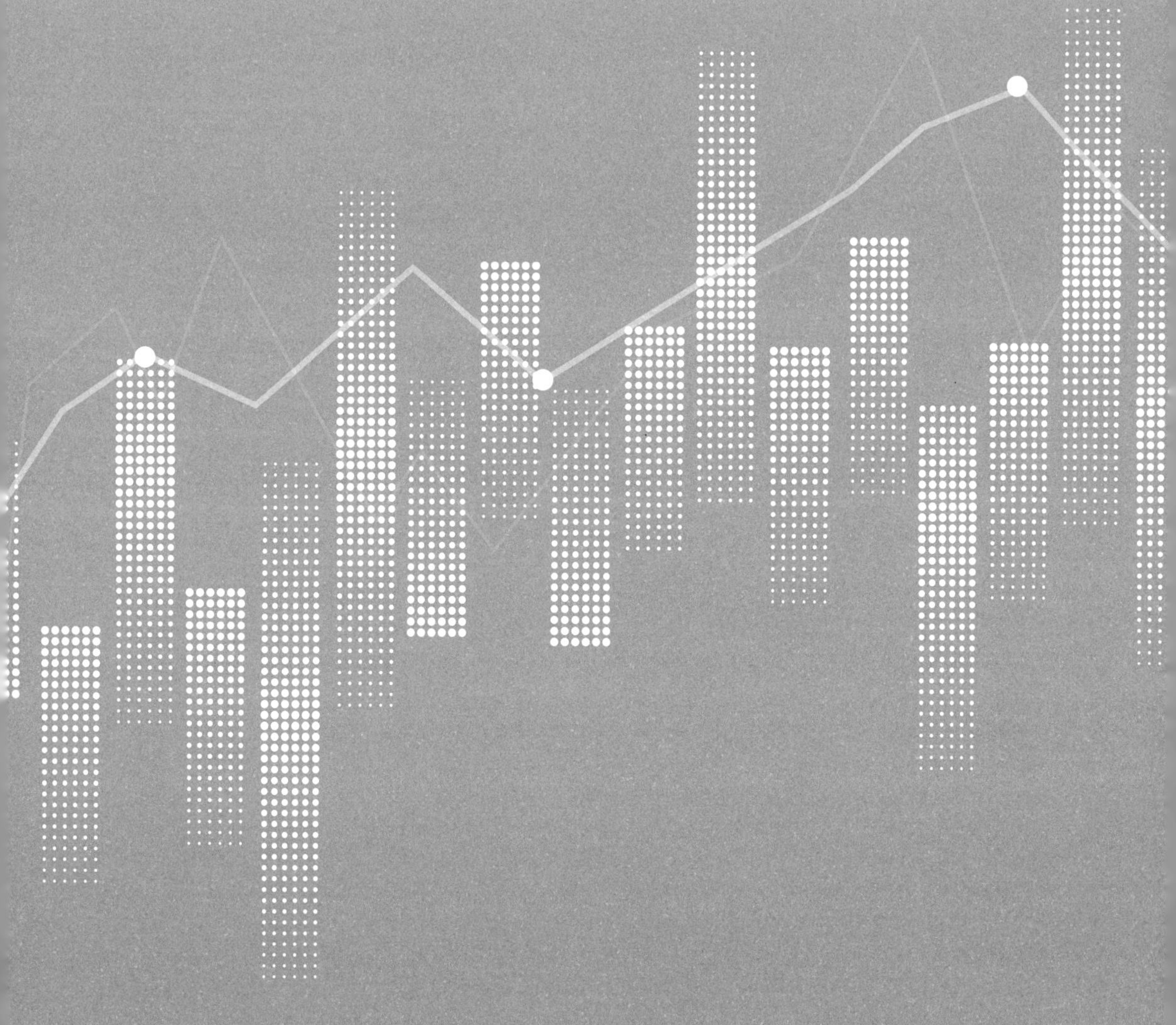

投資之前，先了解有多少財可以理

要開始理財，先拿出紙筆列出你的「個人資產負債表」，也就是要先知道自己有多少錢可以使用於投資，並且是要用「閒錢」投資。

把自己想成一家企業，而個人負債表就是這家企業的財務報表，能夠清楚顯示個人在特定時間點的財務狀況，包含資產、負債與淨資產。透過這份報表，我們可以全面了解自己的財務健康狀況，並評估是否需要進一步調整理財計畫。

除了可以用的錢，更要知道有多少負債

　　在資產方面，通常可分為流動資產與非流動資產。流動資產指的是能夠在短時間內變現的資產，例如銀行存款、現金、短期投資與應收款項等，這些資產能夠在需要時快速轉換為可用資金。而非流動資產則包含較長期且難以立即變現的財產，如房地產、車輛、長期投資與保單現金價值等。綜合這些資產的價值後，便能得出「總資產」，這代表了個人目前擁有的財務總額。

　　跟資產相對應的則是負債，也就是個人需要償還的債務，可進一步區分為短期負債與長期負債。短期負債指的是需在一年內償還的款項，如信用卡欠款、還沒支付的帳單，而長期負債則包括房貸、車貸及學貸等，需要較長時間分期還款的財務義務。將所有負債加總後，就能計算出「總負債」，這反映了個人的財務壓力與責任。

　　最關鍵的指標是「淨資產」，也就是自己到底有多少錢。計算方式為總資產減去總負債，如果數字是正數時，那就表示你確實有多餘的閒錢可以投資，但如果淨資產為負數，就代表負債超過資產，所以先理債為首要任務，要降低負債則應該優先償還高利率貸款。

可以用來投資的錢,到底有多少?

流動資產	銀行存款	
	現金	
	短期投資	
	應收帳款	
	總額 (A)	
非流動資產	房地產	
	車輛	
	長期投資	
	保單	
	總額 (B)	
負債	信用卡帳單	
	其他帳單	
	學貸／車貸	
	房貸	
	總額 (C)	

➡ 資產總額減去負債,就是個人的淨資產(A+B-C)。

每個月定期定額多少錢才能存到千萬？

每個月定期定額金額 / 開始投資的年齡（到60歲）	年化報酬率 4%	6%	8%
20 歲	8,500	5,100	2,900
30 歲	14,500	10,000	6,800
40 歲	27,300	21,700	17,000
50 歲	68,000	61,100	54,700

➡ 早點開始複利的威力，同樣定期定額投資在年化報酬率8%的商品到60歲，20歲開始只要3千元、40歲時則需要1萬7千元，才能在60歲時賺到千萬。

也許經過計算，你發現每個月能投入的閒錢只有3,000或5,000，但是千萬別忽視小錢的威力！從20歲開始，每月定期定額3,000元，放在投資報酬率8%的商品，到了60歲，就可以存下千萬！儘早開始養成定期投資的習慣，投資之路其實沒有想像中的遙遠！

累積本金時，請照這個簡單的富人公式

讀到這裡，你應該會發現幾個重要的觀念。首先是透過個人資產負債表，知道自己的資產跟負債比例；第二點，先理債、再理財；第三點是別忽視小錢的力量。了解以上這些觀念之後，我們要開始投資，而本金就是關鍵。

如何開始累積本金呢？好，我們先想想：會想要投資，就是希望過上更有品質的生活，白話來說就是希望變成有錢人，有錢人就是富人（Rich Man），所以想變成富人，請務必記得「富人公式」，也就是「收入－（儲蓄＋投資）＝支出」。

● **該用來投資儲蓄的錢，別讓自己有機會隨便花掉**

也就是說，當薪水一入帳，立刻將要儲蓄和投資的錢先扣掉，剩下的錢才可以自由運用，開銷就不容易透支。但說真的，第一個動作不容易，我們可以用「強迫儲蓄」的方式來達成。簡單來說，假設薪水是 5 號入帳，那就把定期定額扣款日設在 6 號，若 15 號領薪水就設在 16 號，以此推論，就可以強迫自己將錢投入市場。

投資應該要占多少比例呢？<u>依照先前提到的「**433 法**</u>

<u>則」，應該將三成收入用於儲蓄跟投資，如果還不確定要投資什麼標的，那就先儲蓄吧！</u>假設月薪 3 萬元，先設定將 1 萬元零存整付，想投入市場的則可以直接設定買兩檔主動基金、一檔 ETF，可分別各投入 3,000 元。記得！5 號發薪日，就設定 6 號把錢扣走，強迫錢錢消失，就沒有領出來花掉的機會。

富人公式的關鍵在於「一定要先儲蓄跟投資，剩餘才用來消費」，這種方式能夠讓我們穩定累積財富，並透過長期投資加速資產增長。只要能夠養成這種財務習慣，即使一開始本金不多，也能透過複利效應在未來達到財務自由的目標，讓錢為自己工作，而不是陷入「賺得多、花得多，卻存不下來」的財務陷阱。

整個市場，
好像只有自己沒賺錢？

明明有投資，也在市場中投入資金，卻發現似乎「只有自己沒賺錢」，這種感覺其實很多人都有。2024年聖誕節時，我和一位同學聚會，她感覺很沮喪，拿出手機希望我幫忙看一下庫存。原來是她深深感覺，怎麼2023到2024年市場持續創高，好像人人都賺錢、人人都在分享獲利心得，但自己不僅沒看到帳戶裡的資產成長，甚至還虧損達七位數！

我仔細幫她檢視了庫存，發現這位同學買了不少個股，**但當我問她「為何而買」，她卻大多都答不上來，因為都是「聽說好像會漲」而買的。**

CHAPTER 2
不會獲利的理財觀,要馬上除錯!

其實,五個人當中只有一個人真正獲利

確實,盲目跟單、沒有掌握真正的策略是無法獲利的主因,尤其當某個產業或股票開始大漲時,很多人會因為害怕錯過機會,也就是 FOMO 心態(Fear Of Missing Out) 而追高進場,但通常最後都是賠錢出場。因此,**在投資前應該先建立自己的投資策略,確保每次進場前都了解風險與潛在結果。**

不過除了 FOMO 心態,我也想跟大家分享「倖存者偏差」,尤其是社群媒體的盛行,讓你誤以為「大家都在賺」,畢竟賺錢的人通常更願意分享自己的成功經驗,而賠錢的人往往選擇沉默。但事實上就八二法則(投資上的盈虧是 80% 的人賠錢,20% 的人賺錢)來看,其實投資市場裡賠錢的人(八成)比我們想像的還要多,因此,與其受他人的炫耀影響,不如專注於自己的投資策略與長期目標。

● 不知道自己為什麼買賣,當然賺不到錢

而人性的心魔是無法獲利的關鍵,**有些人看到股票上漲就追高,回檔時又急著賣掉**,最後發現自己不斷虧損,無法穩定獲利,交易紀錄顯示頻繁進出,卻窮忙一場,根本沒賺

到錢。**又或是進場時機不對，短期內容易套牢**，例如 2021 年加密貨幣市場大漲時，許多人跟風買進比特幣與以太幣，卻在 2022 年熊市來臨時大幅虧損。

最後就是缺乏明確的投資目標，導致策略不穩定進而無法獲利，資產也沒有成長。**什麼叫做沒有明確的投資目標？就是經常更換投資標的**，像是看到科技股大漲，就跟著買進；後來又聽說生技股更有爆發力，便將資金轉向生技股，結果每個市場都沒能真正賺到錢。

為了避免這種狀況，應該建立長期的投資規劃，例如設定「五年內存到 100 萬」或「十年內達到財務自由」這種明確的目標，在後面的章節會更具體的討論如何執行。

內心動搖時，想想巴菲特是怎麼說的

說到以投資成為有錢人的代表，大家第一個想到投資界的大師就是巴菲特吧！巴菲特在投資的核心想法，除了雪球理論，我更希望所有投資人要記得的就是這句**「在別人貪婪的時候我們要恐懼，在別人恐懼的時候我們要貪婪」**。

混亂的股票市場，最容易賠錢的莫過於「追高殺低」，

當別人一頭熱的時候跟著進場，下跌的時候你就停損殺出，但其實真正的贏家從來就不是僅看當下的狀況，反而是站在遠方仔細觀察，找到絕佳的位置才能屢戰屢勝，這就是有錢人的思維。

● 用跑馬拉松的心情看待投資

除此之外，有錢人的關鍵思維就是「調整心態」，並專注長期投資，要有耐心和紀律，明白財富的積累需要時間，切勿追求快速致富的捷徑。巴爺爺也講過，**「任何一種股票，如果你沒有把握能夠持有 10 年，那就連 10 分鐘都不必考慮持有。」** 雖然他對於台積電的持有直接打臉這段話，但我認為不用因為單一事件就否定成功者的行為，事後他也解釋自己所擔心的是地緣政治的風險。

我還是想再次強調，看事情要看全面，投資成功的關鍵在於保持穩定心態，**別被前面提到社群媒體上的「倖存者偏差」誤導，避免盲目跟風交易，要建立適合自己的長期投資策略**；投資市場不是短期致富的遊戲，而是需要耐心與紀律的長跑，確保自己持續學習並持續改善投資策略，且堅持正確的投資方式，長期下來自然能看到財富的穩定增長。

● 最可怕的不是漲跌,而是你不知道自己為何買賣

而我還想特別提醒各位的是,機會同時伴隨著風險,所以巴菲特也說過,「投資最大的風險來自於你不知道自己在做什麼」。**投資本身就帶有風險,但最大的風險就是你自己,只是跟著市場資訊成為牆頭草,卻沒有真正理解買進的產業、基本面、籌碼面等等**,才會導致你在股票市場像是賭博一樣。有錢人要進入市場之前,就跟我們平時想買較高價的物品一樣,會貨比三家、事先做好功課,否則就不要碰。

最後,有錢人為什麼有「大家恐懼的時候我貪婪」的自信呢?關鍵在於自我的財商護城河,夠有自信,就能不慌不忙地堅持自己的投資策略,也因此「假如你缺乏自信,心虛與恐懼會致使你投資慘敗」,這也是巴菲特的投資名言,他認為,**一旦了解所持有的公司前景,並且看好未來發展,那就不要因為眼前的崩跌而亂了手腳。**

缺乏自信而緊張的投資人,時常會在股價下跌時賣出股票,然而這種行為就好比剛花了 2,000 萬買了一棟房子,但因為央行突然出現的房貸限制令,讓你擔心房市會下跌,就立刻通知房仲,只要有人出價 1,600 萬就可以賣了,這樣的心態絕對是錯誤的吧!

CHAPTER 2
不會獲利的理財觀，要馬上除錯！

破解 8 個常見投資迷思

明明有在投資，但無論是買 ETF 或是基金、個股，但卻好像白忙一場，獲利跟自己無關──這真的是很多投資人的痛點，除了前面提到「不知道自己為什麼買賣」這個心態之外，接下來我們不未卜先知，但幫你來一一破解為什麼總是賺少賠多的投資迷思。

迷思 1 買很多 ETF 或基金，就是分散風險

「雞蛋不要放在同一個籃子裡」，這是我們在做投資

理財時常見的一個法則。分散投資確實是降低風險的有效方式，可是我常遇到很多可愛的遠方朋友來信詢問投資理財的問題，以為自己已經分散風險了，但其實卻很集中，像是以下兩個例子。

> 【例A】璇依小姐姐您好，我目前有定期定額扣款國泰永續高股息（00878），復華台灣科技優息（00929）跟凱基優選高股息30（00915），請問有什麼需要調整的嗎？

> 【例B】小姐姐您好～想請教您，我剛存基金快一年了！有存「統一奔騰」、「統一黑馬」、「野村高科技」、「野村優質」和「摩根美科」，各3000元！請問會不會分太散了？還是專攻哪一個就好了呢？

仔細看看，有發現這兩位朋友的問題在哪裡嗎？小姐姐來解答囉！

A 朋友需要糾正的問題是滿手高股息ETF，背後持股重疊性高，而且全都是股票，並沒有搭配防禦性或是負相關資產。

CHAPTER 2
不會獲利的理財觀，要馬上除錯！

🅱 朋友選擇存具有超額報酬的基金，但買了好多好多檔台股基金，檢視基金持股雖然有分散，但地區投資只有台灣。

那根據上述兩個例子，可以怎麼樣改善變得更好呢？最簡單的方式，就是透過資產配置。配置可以粗略分為三個層面，第一個層面是標的性質，第二層面就是地區，第三層面則是投資標的。

（1）商品性質：股票、債券、多重資產。（市值型 ETF 搭配美國公債 ETF 就是標準股債配置）

（2）地區：台灣、美國、新興市場等。（台股基金搭配美國基金以及新興市場股票，做到地區分散）

（3）投資標的：股票又可分為科技股或是醫療保健、公用事業等防禦類股。

迷思 2 有配息就是好棒棒

高股息 ETF 在近幾年很受到投資人追捧，很容易讓台灣的投資人認為所有商品都得要配息，但事實真是如此嗎？我們要先了解，「息」來自公司獲利，公司有獲利所以分潤給股東。那為什麼美國科技業公司大部分都不配息？因為

這些公司偏好把獲利再投資，提升公司價值、替股東創造更大的價值。

巴菲特旗下的波克夏公司也堅持不配息，大型科技巨頭亞馬遜和特斯拉也都不配息。**股息是公司分享利潤的方式，不全然是投資人選擇的標準**，過度依賴股息商品，可能導致忽視資產增值的重要性。

迷思3 所有股票長期都會增值

並不是所有公司都有長期成長的能力，行業趨勢、公司競爭力及經營策略都是影響股票價值的重要因素，以下分享我自己是如何觀察科技產業的發展。

首先，要關注這家公司在產業裡的競爭優勢，也就是這家企業的護城河是不是夠高、夠穩，足以讓競爭對手難以跨越；**再者要觀察這家公司，有沒有持續創新跟資本利得投入的能力**；科技本來就日新月異，企業需要持續開發新的商品，也才能帶來新的營收來源，才能進一步推升股價。

迷思 4 把錢放銀行定存，保本又能有利息

過往大家認為把錢放在銀行的「安全」，指的是本金受到銀行保證保本，所以不會像投資股票或基金那樣面臨虧損風險，但是這樣看似安全的背後，卻可能隱含危險！**雖然金額看似保本，但在不知不覺中，錢卻變薄了！最關鍵的因素就是通膨侵蝕了購買力。**

假設現在有 1 千萬現金，什麼都不做、在 3% 通膨幅度下，錢不會憑空不見，但會越來越薄，如前面的圖表所列，20 年後的消費力會直接打 55 折（554 萬），如果通膨是 4% 的話，原本的 1 千萬在 20 年之後更是只剩 456 萬的價值。

那麼，該如何減少定存帶來的風險呢？**可以透過多元化投資，例如將部分資金配置到其他資產以分散風險，或是選擇利率較高的定存方案**；總之請記得，定存的「安全性」只是針對本金保障而言，無法抵禦通膨等外部經濟因素的影響。

迷思 5 有高報酬，才值得投資

循著上述的迷思，你肯定想問，那既然看穩健的定存無

法跑贏通膨,那就積極尋找高報酬的商品吧!沒錯,雖然高報酬看起來很吸引人,但投資的價值不僅僅取決於報酬率,還需要考慮風險、投資目標和資金的可持續性。高報酬伴隨高風險,當投資標的聲稱有高報酬時,往往意味著其風險也很高,甚至可能面臨本金虧損的可能性。

像是某些虛擬貨幣可能短期內上漲數倍,但價格波動極大,也可能迅速歸零。「幣圈一天,人間十年」,**如果只追求高報酬,可能會忽略資產的潛在風險,導致損失難以承受。**

另外也須要有警覺性,高報酬可能是騙局,某些聲稱高報酬的投資標的,可能涉及詐騙或龐氏騙局,例如一開始會承諾穩定的高回報,但實際根本無法。保證固定高報酬、風險極低的「機會」,通常是值得懷疑的。

迷思 6 無腦 all in 就對了

所謂「all in」,指的是將所有資金投入單一資產。在市值型 ETF 大漲之下,常聽到許多人說,反正無腦「all in」0050 就好了,因為 0050 就已經做到市值分散,也沒有將所有雞蛋放在同一個籃子裡,聽到這裡好像都很有道理,但這

卻大大違背了資產配置的基本原則。

市值型 ETF 雖然是分散了個股的風險，但卻無法避免系統性風險，也就是說，如果又遇到 Covid-19 或是像 2025 農曆年節期間橫空出世的 DeepSeek，衝擊全球金融市場，一籃子的股票也是會一起下跌的，又如果你剛好急需用錢，是不是就被迫砍在低點？2025 年 2 月 3 日當天，台股可以下殺近千點，台積電市值一天蒸發近 2 兆，0050 跌幅為 5%。但如果你的資金有分散在債券的話，就能看到它在股票下跌時的保護力，需要變現時也能透過處分債券，而非砍在阿呆股。

將資金分散於不同類型的資產（如股票、債券、不動產、現金等）和不同市場，可以減少單一資產表現不佳對整體投資的影響。若某一資產表現不佳，其他資產或許可以彌補損失。相反的，**「ALL in」的策略就是讓自己完全暴露在單一資產的風險之中，無任何緩衝**。請記住投資永遠有風險，即使是看似穩健的資產也可能出現問題。

例如股票，可能因公司破產而歸零；房地產可能因政策變動或市場崩盤而大幅貶值，而虛擬貨幣波動性極高，價格可能暴跌。因此如果「ALL in」在上述任何商品，就可能會面臨財務崩潰的風險。

迷思 7 等有錢之後再來投資

你是否也認為投資就是「有錢人的遊戲」，過生活都不夠了，又怎麼談投資呢？等到有錢再說吧！但是請記得，愛因斯坦曾說過複利是世界第八大奇蹟，也就是越早開始、越能感受到複利的威力。同時也要記得巴菲特的滾雪球理論：「只要找到濕的雪，和很長的坡道，雪球就會越滾越大。」

濕的雪用來比喻投資報酬率，雪球則是資產，「時間」則是投資的重要因素，更直覺的意思就是，**只需要小額資金、選對坡道，越早開始投資，就有機會像滾雪球一樣，把資產越滾越大**。尤其隨著投資工具的普及化，投資門檻大幅降低，例如 ETF 和定期定額基金等工具，都很適合小額資金的投資者，讓更多人能開始從小資金開始累積財富。

迷思 8 定期定額就保證穩賺不賠

定期定額確實大概率來說是個投資的好方法，**但是如果你選擇的投資標的是長期下跌或沒有增長潛力的資產，還有堅持的時間不夠長，即使定期定額也可能虧損。**

定期定額的成功取決於最終會上漲的市場,如果選擇的市場長期低迷,如特定國家或行業的市場,定期定額的效果會受限;又或是如果你投資於長期表現不佳的標的,例如夕陽產業或某些國家市場,即使是透過定期定額,最終仍可能虧損。

孩子最該學會的課題：理財

　　養成有錢人的腦袋，除了現在的我們可以慢慢實踐，還可以帶著孩子一起學理財，從小養出富人思維。曾擔任美國聯準會（Fed）主席的葛林斯潘（Alan Greenspan）曾說過：「文盲雖然會讓生活不便，金融文盲卻會讓人無法生存，比文盲更加可怕。」就是在強調財商的重要性。

　　父母可以給孩子最好的禮物，就是培養兒童財商，讓孩子從小具備金融知識。各位的父母會跟小時候的你們談錢嗎？至少我父母是沒有的，雖然他們沒跟我直接談過金錢，卻也沒有讓我替金錢煩惱過，讓我無憂無慮、幸福的長大。因為不會未雨綢繆，也造就了我過往月光公主的特性，而我

並不希望自己的小孩成為月光公主二代。

給孩子成為「富一代」的財商力

　　我國高中讀的都是私立貴族學校，跟同學的父母都是大公司老闆或是律師醫生相比，只是公務員家庭的我們顯得平凡，但自從有記憶以來，每年都會出國全家旅遊，父母用自己的方式幫我創造許多珍貴且無價的回憶。

　　不過當我自己也成為父母之後，才發現「小孩」是最昂貴的奢侈品，所有我以為的理所當然，全都是父母省吃儉用下來的；在少子化的現代，大部分的父母都盡可能去滿足孩子的各種願望，但我認為真正能影響孩子一生的禮物，並不是昂貴的玩具或名牌服飾，甚至比起直接給孩子財富，不如給他理財能力。

　　教會孩子如何理財，可以讓他們學會管理金錢，進一步培養他們負責任的態度，也會影響未來的財富累積跟人生選擇。孩子從六歲開始接受國民教育，花了大部分的時間在學校裡學習，但學校重視的是數學、語文等學科，很少教導學生如何管理金錢。

然而，金錢與生活息息相關，無論是買房、投資、退休規劃，甚至是日常開銷，都需要財務管理能力。如果孩子從小缺乏理財觀念，長大後很可能會養成揮霍無度、過度消費，甚至負債纏身的壞習慣。相反地，若能從小建立正確的理財概念，孩子將能夠掌握金錢的運作方式，未來不僅能夠財務自由，甚至能實現更大的人生目標。

從小開始練習「想要」和「需要」的不同

我自己也以身作則，讓孩子學習正確的金錢觀。最基本的就是將他們每年的壓歲錢拿去投資，因為孩子最大的本錢就是時間，透過複利會有豐厚回報，我會讓他知道投資的標的是什麼，還有為什麼要投資。

而媽媽我自己也有投資，孩子的理財觀念，會受到父母言行很大的影響，**要讓孩子看到金錢管理的重要性**。例如，當孩子想要買昂貴的玩具時，父母可以和他討論：「我們可以設定一個存錢目標，等你存到後，我們再來買。」這樣的方式不僅能培養孩子的耐心，也能讓他們理解延遲滿足的價值。

平常父母也可以跟孩子分享自己的理財經驗，除了投資的錢，家中其他的花費怎麼分配？如何安排？**當家中有大筆開銷時，讓孩子參與討論**：「這次家庭旅遊的預算是多少？如果我們減少不必要的花費，就能存更多錢來買更好的體驗。」這種方式能讓孩子更早學會金錢管理，並培養財務規劃能力。

CHAPTER 3

有效率、不踩雷的階段性理財規劃

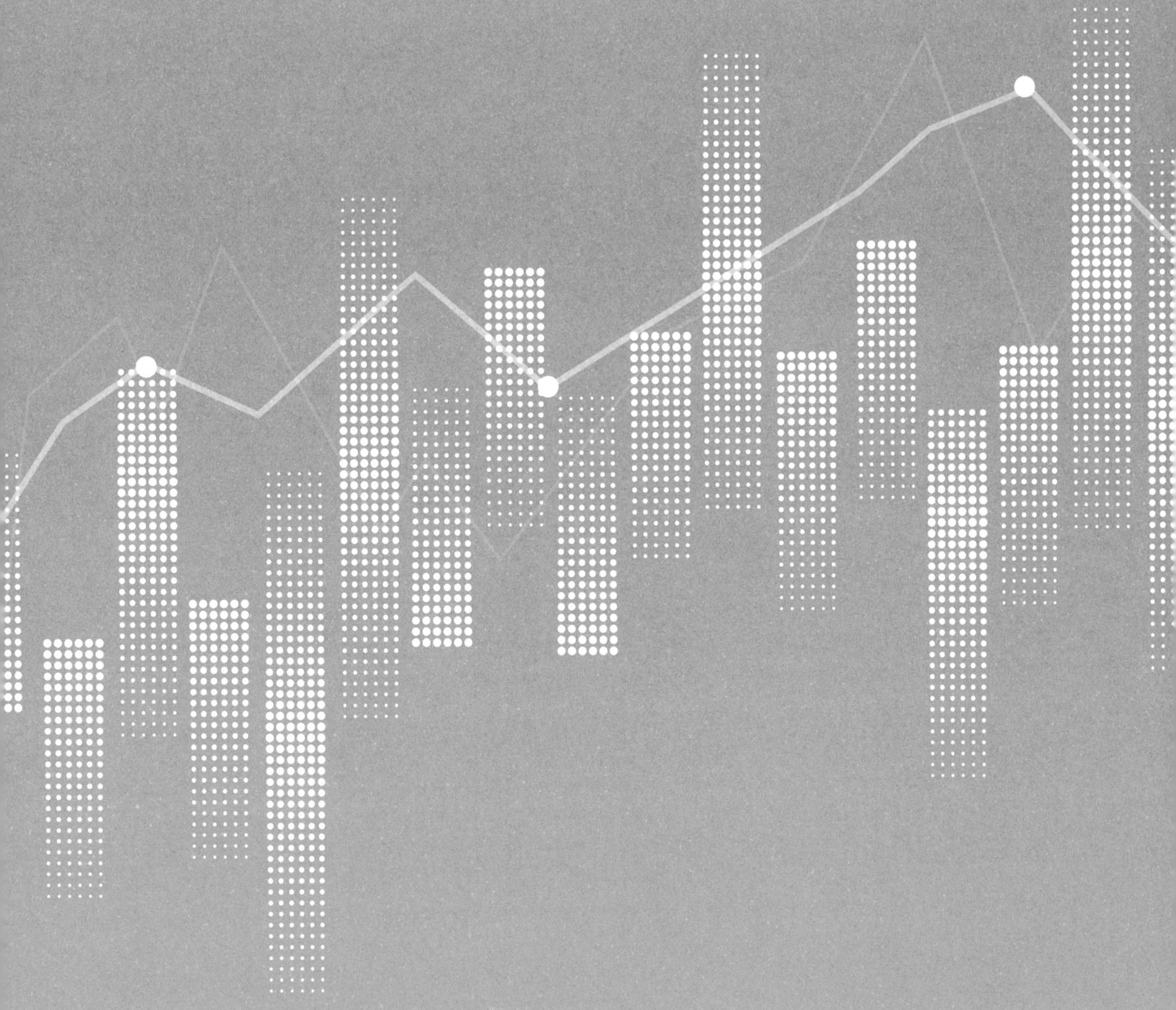

無痛改變用錢習慣、不再月光的六個步驟

想跟各位分享我自己非常喜歡的一句話:「你現在的經濟狀況,是過去所有行為的結果。」 也就是說「習慣」才是影響你能否致富的關鍵,賺到的錢並不一定是你的,能留下的才是你的。如何留住錢、學會用錢滾錢,比賺錢這件事更重要。

把錢留下就是存錢,說起來容易,月光族卻常常覺得怎麼錢好像總是存不下來,甚至是月底就要吃土。增加儲蓄率的關鍵不僅僅在於賺多少錢,更重要的是如何管理收入與支出。透過建立良好的記帳習慣、合理分配收入、減少不必要的支出,並搭配適合自己的投資與財務管理策略,就能有效

CHAPTER 3
有效率、不踩雷的階段性理財規劃

提升儲蓄率，大大減低被迫存錢的感覺。

STEP 1 嘗試記帳並分析每月支出

想要多存一些錢，就要先弄清楚錢到底花在哪裡。許多人自認已經很節省，**當真正檢視並記錄每一筆開銷時，才發現很多錢其實都是在無意間花掉的！** 例如許多訂閱制的 APP，或是其實沒在看的串流影音服務，以及時不時的外送跟外賣，都在一步步吃掉你的錢！

我個人非常少用外送，更不用說訂閱制。許多餐點在外送平台的價格幾乎是多了兩成，而當我看到外送費還要再花 50～60 元，就更能進一步冷靜，寧願多走幾步去買或是在家自己煮；太過依賴外送跟外食費，累積下來可能是一筆可觀的支出。

養成記帳習慣是管理財務的第一步，我並不會刻意記帳，但我習慣使用發票存摺，也推薦大家來用。**透過雲端紀錄，支出已經分類好「餐飲」、「交通」、「娛樂」、「居家」等，等於是無痛記帳**，可以更清楚地看到支出的流向，且還會時不時提醒你，跟上個月相比是花得多還是花得少；

長期下來會發現自己的消費模式,進一步評估哪些是必要開支,哪些則是可以刪減或調整的部分。

STEP 2 設定明確的儲蓄目標

了解自己的消費習慣後,接下來要做的就是設定具體的儲蓄目標。沒有目標的存錢很容易失敗,因為你可能會覺得:「反正錢一直在帳戶裡,想花就花吧!」然而,**當有了明確的計畫時,存錢就變得更有動力**。例如,設定「6 個月內存

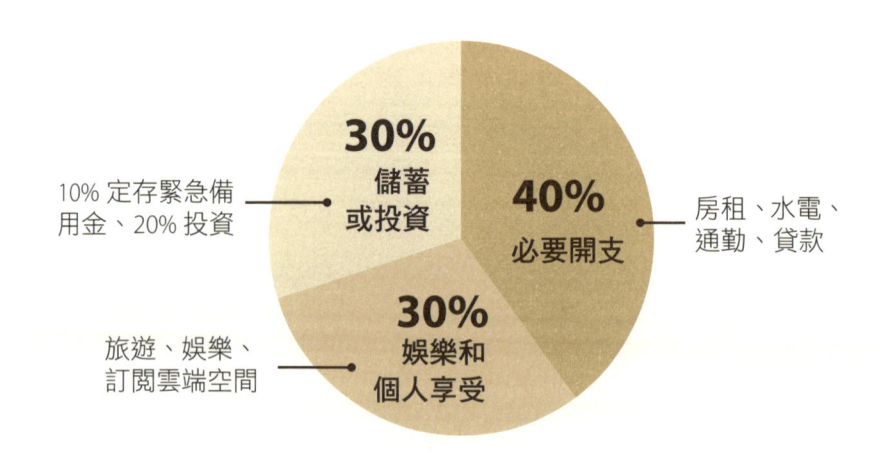

- 10% 定存緊急備用金、20% 投資
- 30% 儲蓄或投資
- 40% 必要開支 — 房租、水電、通勤、貸款
- 30% 娛樂和個人享受 — 旅遊、娛樂、訂閱雲端空間

10 萬元當作緊急預備金」，或者「5 年內留下 300 萬元作為房屋頭期款」。

具體的做法就像前面章節提到的「433 原則」，**也就是 40% 用於必要開支（如房租、水電、通勤、貸款），30% 用於娛樂和個人享受（如旅遊、娛樂、訂閱雲端空間），30% 存下來作為儲蓄或投資。**

而在存下來的 30%，又可分為 10% 放在定存帳戶做為緊急預備金，20% 拿去投資，放在長期向上具增值潛力的基金或是 ETF。如果財務狀況允許，甚至可以挑戰更積極的「226」或「127」，也就是積極提高儲蓄比例到 60% 甚至 70%，減少娛樂與非必要開銷；若可以做到，我還是建議至少要把收入的 10% 存在純儲蓄帳戶，也就是不拿去投資，這會是一筆重要的財富靠山。

STEP 3 減少不必要的支出

該如何做到將收入的六～七成都作為儲蓄或投資用？關鍵就是減少不必要的開銷。**在我們所擁有的許多想法裡，最不需要的就是「我想擁有」這個念頭**，這並不代表完全不享

受生活，而是學會精明消費，避免浪費。

　　建議大家可以從檢視訂閱服務開始，你是否同時訂閱了 Netflix、Spotify、Disney+ 等多個影音串流、但實際使用率並不高？**現在就立刻取消那些不常用的訂閱吧！**老實說，Spotify 的廣告也並不難聽，我個人唯一的訂閱是 YouTube Premium，主要是讓小孩不要接觸到廣告。而不只是影音串流，打開手機確認一下，是不是在不知情的狀況下被迫訂閱了 APP，每個月都不知不覺地被扣款。

　　接下來，請努力減少外食與外賣，自己煮除了更省錢也更健康，若每天減少一頓外食，每個月可能省下數千元；並且落實精明購物：購買前先問自己「這真的需要嗎？」像是小孩長大的很快，折扣季時購買會划算許多；我個人也會善用現金回饋與信用卡優惠，有些信用卡提供現金回饋或特定類別的折扣，合理利用可以幫助省錢，但要注意別避免為了想拿回饋反而過度消費，那就本末倒置了。

　　這些看似小小的改變，長期累積下來可能省下數萬元，讓你更快達成儲蓄目標。

STEP 4 打造自動化儲蓄機制

很多時候，我們不是不想存錢，而是當錢進入帳戶後，總是會忍不住花掉。因此，最好的方法就是自動化且強迫把錢存下來，讓存錢變成一種習慣。要養成這種習慣，最簡單的方法就是設定自動轉帳，**每個月薪水一入帳，就將 10%～30% 轉入不同的儲蓄帳戶**，例如「緊急預備金帳戶」跟「投資專屬帳戶」等。**設定自動轉帳後，務必要把定期定額的扣款日設定在發薪日隔天**，如此一來可確保帳戶每月自動扣款到基金或 ETF，透過長期投資讓資金增值。

不過，除了定期定額自動扣款之外，也可以靈活的手動調整扣款時間。像是今年過年期間台股沒有交易，但美股因為 Deepseek 的衝擊而大震盪，所以原本定期定額設定在 27～31 號扣款的話，可以改在 2 月 3 日扣款。我在開紅盤日前天就確保帳戶有足夠的錢，不僅成功扣在相對低點，也順利單筆加碼，把錢留在投資帳戶，

這種自動化儲蓄方法的好處是，你不會「感覺到」自己少了這筆錢，而是清楚知道這是轉去更有效率的市場，用錢賺錢、自動累積，長期下來一定能存下一筆可觀的資金。

STEP 5 除了節流，更要努力開源

開源節流是永遠不變的道理，除了檢視支出狀況並修正，另一個提升儲蓄率的方法就是積極開源、努力增加收入；但請記得，**儘管收入提升，也要避免「都那麼辛苦賺錢了，多花一點也沒關係吧」的想法，要讓開支維持不變**，這樣才能有效提升儲蓄率，存下更多錢。

開源的關鍵，其實就是讓自己更強，提升專業能力，就更有機會獲得加薪或轉職到更高薪的工作；如果有攝影或是很好的文字創作能力，透過接案、或是發展自媒體等副業，也能讓收入來源更多元。同時別忘了持續存錢、提升自己的財商護城河，學習如何透過投資讓資產增值，進一步提高財富累積速度。當擁有多元收入來源時，就很有機會可以提早實現財務自由。

STEP 6 定期檢視財務狀況，滾動式調整策略

最後，想要持續提高儲蓄率，記得定期檢視自己的財

CHAPTER 3
有效率、不踩雷的階段性理財規劃

務狀況。例如，每個月檢查一次支出與儲蓄比例，是否符合原定目標；如果發現某項開銷過高，可以調整預算，或是尋找更省錢的方式。我也能理解，光是存錢、延遲享樂，真的在心理上會很辛苦，可以設定一些「存錢獎勵」，例如存到 10 萬元後，獎勵自己一趟小旅行，讓存錢不光是忍耐和壓抑，而是充滿成就感的達成目標。

・・・

提升儲蓄率並不難，關鍵在於了解自己的消費習慣、設定明確的儲蓄目標、減少不必要支出、建立自動儲蓄機制，並尋找增加收入的方法。透過這些方式，可以更有效地累積財富，建立更穩定的財務狀況，甚至提早達成財務自由！現在就開始行動吧，未來的你，一定會感謝現在積極理財的自己！

租屋小資和三明治族群，如何有效地儲蓄理財？

　　延續上個章節，我常遇到讀者跟遠方朋友的問題是，都知道存錢很重要，但卻被迫面臨「收入有限、支出無限」的窘境，尤其是租屋的小資族與跟肩負家庭責任的三明治族群，也就是上有老、下有小，必需同時照顧父母與子女，財務壓力更是不容忽視。

　　房租、生活費、家庭開銷等種種支出，讓許多人覺得存錢遙不可及。然而，即使收入不高、開銷繁多，只要掌握正確的理財觀念與儲蓄技巧，還是可以逐步累積財富，讓未來的財務狀況更加穩健，幫助你在現有條件下存下更多錢，並提升財務安全感。

CHAPTER 3
有效率、不踩雷的階段性理財規劃

採用適合自己的理財比例

　　無論是租屋的小資族，還是肩負家庭責任的三明治族，第一步就是要弄清楚收入與支出的比例。許多人每個月領到薪水後，只注意大筆開銷（如房租、貸款、學費），但魔鬼藏在細節裡，當我們認真檢視小額花費（例如一天一杯咖啡費用、外賣及不需要的訂閱服務），就會發現錢都在不知不覺中流失，而這些費用都是可以轉去投資帳戶讓錢增值的。

　　之前章節提到理財「433 原則」（40% 必要開支、30% 娛樂和個人享受、30% 儲蓄或投資），但我認為對租屋小資與三明治族來說，這個比例可能需要調整。

● 硬要遵守 433 原則，很快就會遇到瓶頸

　　以房租費用 15,000 元計算，若是收入 3 萬元的小資族，等於說薪水的一半都用在必要開支，若又剛好有學貸要負擔，真的很難把錢留下；以有自住房的三明治族來舉例，用青壯年收入平均 5 萬 5 千元試算，假設為雙薪家庭，每個月的房貸負擔 2 萬 5 千元，加上小孩的學費一個月約 7,000 元（以準公共化幼稚園為例），還有水電費約 2,000 元，以上必要支出合計是 3 萬 4 千元，占家庭總收入 11 萬的 3 成，

還沒有算到任何小孩周末的娛樂支出甚或是給長輩的孝親費，若還要按照433原則、各拿出月薪三成的16,500元用於投資——以上加總的花費很可能達到7、8萬元，真的是收入有限支出無限。

因此在參考433理財原則時，建議從設定存錢的優先順序開始，關鍵在於一定要先留下「緊急預備金」（至少3～6個月生活費）。以三明治族來說要先存下來30萬左右，這筆錢不用於投資，就是放在儲蓄帳戶，再來一定得開始長期投資，<u>無法做到三成，就至少以一成為目標。</u>如果月收入為5萬5千元，就以每個月投入5,500元為目標，甚至努力一點湊整數到6,000元，可以分別扣台股基金3,000以及美國科技基金3,000元；或是全部都放指數型ETF，都是可行的方式。

● 租屋小資族，優先選擇交通方便的合租公寓

對於租屋族來說房租是最大支出，如何省錢？房租往往占收入的30～40%，如果能有效降低房租，就能提高儲蓄率。我自己十八歲就上來台北念大學，大三之後一直到結婚前都是在外租房，很能理解租屋族的心聲和難處。

<u>比起獨立套房，可以優先選擇合租、可煮的整層公寓，</u>不但有室友能分擔租金與水電，減少開銷，也可以自己開

CHAPTER 3
有效率、不踩雷的階段性理財規劃

伙、進一步減少外食跟外送費用。此外,交通也是很大的開銷,雖然市中心往往較貴,但住在上班地點的附近可以省下非常多的通勤時間,**建議選擇離捷運站 10 ～ 15 分鐘的區域並且步行上班,賺健康也賺時間。**

我還建議可以跟房東談判租金或續租優惠:一次付半年或一年租金,可能會獲得折扣,如果能有效將房租控制在收入的 25% 以下,就能留下更多錢用於儲蓄跟投資。

● 三明治族要和手足分攤扶養責任

三明治族同時要照顧父母與子女,財務壓力大,若沒有良好的計畫,很容易陷入「月光族」的困境。關於扶養父母的責任,建議可以跟家人協商分擔,若有手足,大家一起共同分攤父母的醫療與生活費,而非由單一個人負擔;**再來很關鍵的一環是購買適合的保險,確保自己與家人有足夠保障,做到風險轉移**,避免突發狀況影響家庭財務穩定;關於保險,在後面章節有更詳細的討論。

至於子女教育基金的部分,就是用善用時間複利跟孩子每年的壓歲錢,利用定期定額投資,累積長期教育資金。根據研究統計指出,從開始懷孕到孩子大學畢業的生活費和補習費等開銷,少說要 500 萬。針對子女教育金最需要花錢的

到小孩大學畢業自立前，至少得花 487 萬！

年齡和階段	支出項目		每月開銷	費用總計
懷孕期～3歲	孕期檢查、生產費用、母嬰用品、保險費用		2 萬	72 萬
4～6 歲（幼稚園）	學雜、生活開銷、保險費用等	保母費	2.5 萬	90 萬
7～12 歲（小學）		安親班	1.5 萬	108 萬
13～15 歲（國中）		零用錢	1.2 萬	43 萬
16～18 歲（高中）		交通費、零用錢	1.5 萬	54 萬
19～22 歲（大學）		住宿費、交通費、學校社團費用	2.5 萬	120 萬

總費用：487 萬

* 資料來源：中租基金平台整理

階段是嬰幼兒時期跟高等教育階段，再透過自動儲蓄，不讓自己有機會「忘記存錢」，請永遠記得，**賺到的不是你的錢，留下的才是。**

・・・

記得前面提過的富人公式，當薪資一入帳，立即自動轉帳到儲蓄帳戶，以定期定額的方式投資優質 ETF 跟基金，讓資金持續增長；就算投資心態保守的人，也能設定零存整付、善用銀行強制存錢的功能。**當我們將儲蓄與投資變成「自動化」，就不會因為一時衝動而花掉這筆錢。**

無論是租屋的小資族還是三明治族，理財關鍵都是控制支出，制定合理的預算、善用強迫儲蓄，並且創造額外收入來提高財務彈性，透過這些策略，可以逐步改善財務狀況，打造屬於自己的財務安全網。

評估買房的兩個重點：
年收和頭期款

　　這個問題可以說是萬年題，尤其在這幾年房價持續高漲的狀態之下，許多民眾很容易產生 FOMO 情緒，今天不買、明天會變更貴！從下圖的國泰房價指數可以看到在疫情過後，也就是 2021 年開始到 2022 年的房價明顯上揚，整個 2023 到 2024 年都是相對高的位階。

　　在選擇要購房還是租屋時，學理上常用的方法為客觀條件算式的淨現值法跟年成本法，不過設定的前提都是房租與房價 n 年內不變，且不考慮稅負及房貸因素。

CHAPTER 3
有效率、不踩雷的階段性理財規劃

全國房價與年增率，在疫情後明顯上揚

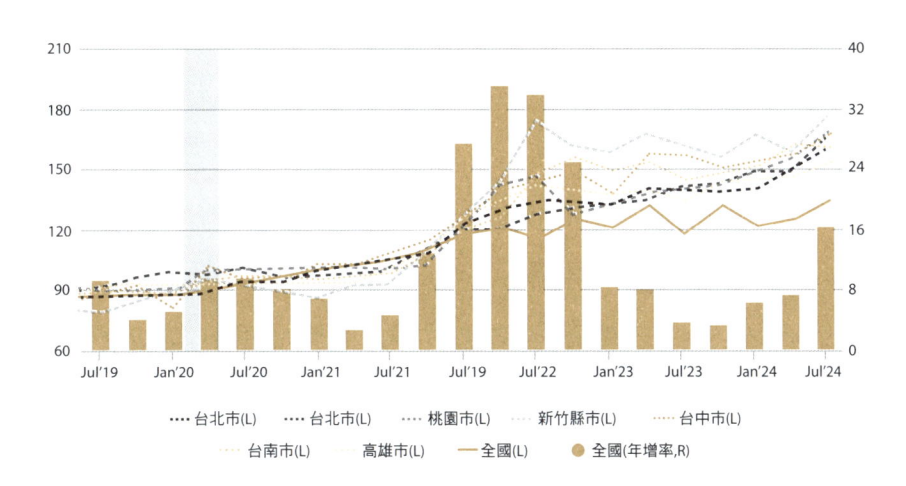

210	40
180	32
150	24
120	16
90	8
60	0

Jul'19　Jan'20　Jul'20　Jan'21　Jul'21　Jul'19　Jul'22　Jan'23　Jul'23　Jan'24　Jul'24

···· 台北市(L)　···· 台北市(L)　···· 桃園市(L)　···· 新竹縣市(L)　···· 台中市(L)
···· 台南市(L)　···· 高雄市(L)　── 全國(L)　● 全國(年增率,R)

＊資料來源：國泰房地產

年收 120 萬，可以租到房價 2 千萬的房子

　　我想跟各位分享用主觀的年收入概算法，來算出現在的你能負擔多少房貸，進一步評估買房還是租房划算。一般來說，房貸比例會認為不要占超過月收入的三成，但由於房價高漲，制定財務規劃也要與時俱進，因此抓四成來計算。

實際的舉例，Ellie 年收入 120 萬，四成用於繳房貸，也就是約 48 萬，一個月平均 4 萬，以「房貸利率 3%／貸款年限 30 年／貸款成數八成」來計算，Ellie 可以負擔總價約 1,176 萬的房子，當然前提是要自備 235 萬的頭期款。

但如果是一個月 4 萬元用於租屋，可以租到房價約 2,000～2,500 萬左右的房子，不過差異當然就是房子所有權不屬於自己。若以這案例來看，1,200 萬內在六都幾乎不可能買到新成屋，**退而求其次選擇中古屋的話，可以把房子未來成長的潛力算進來**，例如持有 30 年的時候可能都更，且假設都更可以帶來 1.5 倍的價格提升，未來出售後的價錢能彌補現在成本的差異，就長期而言還是買房划算。

不過當前政府在進行信用管制措施，希望能夠抑制持續高漲的房價，所以房市可能有下降的空間，計畫換屋的民眾打算先以租屋為主；但換個角度思考，**如果租屋的需求提升，在租金的議價空間就較小**，甚至在政府打房下，不動產投資報酬率降低，房東成本升高，因此租金也可能漲價。

想買預售屋？先挑建商和地點

　　初步了解買房跟租房的差異之後，我遇過最多的問題就是，經過計算後房貸可以負擔，但缺的就是那筆頭期款。要買新成屋或中古屋，都需要至少三成的頭期款，以總價 1,500 萬的房子來說，需要 450 萬的現金，大多數人在沒有長輩幫忙的狀況下是很難做到的，如果是三明治族，得兼顧育兒跟供養長輩的支出，要怎麼樣才能攢下那麼一大筆錢，因此若有剛性需求，且財務規劃得宜，我會建議買預售屋。

　　對我而言，預售屋的付款方式較輕鬆，適合我這種需要彈性現金流，又擅長資金理財規劃的人，加上預售屋的工程款分期付款，我可以根據付款時程來部分贖回所需資金，預留款項，更不會因受到時間壓力，被迫在低點賣股。

● 除了地點，建商也是評估的重點

　　預售屋說穿了就是買期貨的概念，也像是買一個希望。**因此挑選預售屋的建議，除了交通跟地段，最重要的是挑選名聲優質的建商，再來就是未來的發展性。**我也喜歡不二價的建商，比起跟代銷接觸，直接公開價格且定期調漲的建商，在交易第一關就容易獲得信任。

怎麼挑選信譽良好的建商呢？購買前要好好調查建商的過往建案，查看是否有爛尾樓、交屋品質不佳或施工延遲等問題；此外，預售屋的合約條款一定要仔細閱讀，特別是違約條款、履約保證與交屋標準，確保自身權益。建商通常會提供履約保證，透過銀行監督資金流向，以降低買方風險。

● **雖然可以分期付款，但還是得準備一筆自備款**

相較於買成屋需要一次性支付較高比例的款項，預售屋的付款方式雖然較為彈性，但還是要評估自己的可用資金。除了訂金跟簽約金，也要確保有足夠的開工款現金，這三項加起來大約是房價的一成五，中間的工程期款通常分散到四至五年間，最後還需要一筆大款項則是交屋款，<u>雖然過程中的分期付款能緩解資金壓力，但請記得這通通都屬於自備款</u>，要直接交付給建設公司，是無法申請任何貸款的，所以還是要做好財務規劃唷。

對我而言，我會將此當作動力，要求自己年收入要維持在一定的水準，並且透過投資加快資金累積的速度，也謹慎管理自己信用評級，確保未來有穩定的貸款條件。

從價格、品質到增值:預售屋 V.S 成屋(中古屋)的比較

項目	預售屋	成屋
價格	一般較低,可享受未來增值空間	通常較高,但市場價格穩定
付款方式	可分期付款,資金壓力較小	需一次支付較高的自備款與貸款
建材與設備	無法親眼確認,交屋後才知道是否符合預期	可現場檢視,避免建材落差
交屋時間	需等待施工期,可能面臨延遲風險	可立即入住,無等待時間
施工品質	可能會有瑕疵需驗屋檢查	已建成,可直接檢驗品質
增值潛力	未來有可能增值,但受市場和區域影響	市場價格較穩定,增值幅度較可預測
轉手彈性	通常交屋前不可轉售,影響流動性	可立即轉售,市場接受度高

➡ 預售屋的金流彈性高,成屋轉手方便、品質看得見,各有優缺點,兩方面要同時考量。

● 買屋前多做事前功課,免得後悔

而無論是預售屋或成屋,地點都絕對是影響房價的關鍵要素,預售屋一般位於開發中的地區、也就是重劃區,相較於成屋,可能具有較大的增值空間。然而,**這也意味著買預售屋需承擔區域發展的不確定性,例如說好的交通建設是否如期落成、後續商業機能是否完善等等**。因此,在選擇預售屋時,要用心研究區域的未來規劃,避免買到增值潛力有限的地段。

另外,我也遇過不少人後悔買預售屋,絕大部分是認為跟自己想的不一樣。對預售屋的買家而言,建商的樣品屋跟平面圖是唯二的參考標準,**建議拿給專家仔細檢視坪效、採光、通風與動線規劃,確保空間符合自身需求**,避免建商用迷你家具等障眼法的陷阱。

建商提供的建材與設備是否符合合約標準,也是重要的考量因素,許多預售屋在交屋後可能會發現建材與樣品屋有落差,因此驗屋程序不可忽略,務必請第三方專業驗屋公司協助檢查。

人生各階段的保險內容建議和挑選原則

在談論投資理財規劃時，除了機會跟報酬，一定要列入考慮的就是風險，除了賠錢的風險，也包含了生理上的風險，像是出了意外或是生病等，導致家裡突然需要大筆開銷，並可能導致家庭經濟支柱無法持續提供支撐，可以事先轉移風險最好的方法，就是透過保險。

保險是要降低風險，不是越多越貴就越好

建議每年都要檢視自己的保單，針對個人生涯需求跟當

下家庭狀況，與時俱進調整保障規劃。就我個人而言，成為母親是重要的分水嶺，單身、進入家庭及成為父母，是截然不同的人生狀態，所背負的責任變得更重且更多，尤其成為父母之後還要幫新生兒保險，伴隨著支出變多，每一分收入都要在刀口上。以下分享針對各世代的保險建議，每個人狀況不同，主要是讓大家參考，但請謹記三原則——

（1）保險雙十黃金原則：「保額為年收入的十倍」+「保費是年收入的十分之一」。年收入 80 萬元為例，壽險保額規劃為年薪的十倍，即 800 萬元，年繳保費則不超過 8 萬元。

（2）保險是保險，儲蓄是儲蓄，投資是投資：保險的目的是轉移風險，所以要用最少的費用做到最大的保障，避免買所謂保本型保險。

（3）保險的選擇要以「純風險保障」並且掌握「對、夠、好」：買對保險，把保額做足夠，用最少的錢買好保險。最佳解方是「純保障＋定期型」的保險。

為什麼不要買保本型保險？請記住，今天的 100 萬購買力並不等於 20 年後的 100 萬；而且保本型保險通常要繳的保費比較高，大多要等到 20 年後才能退還。但 20 年後的退還保費價值，通常不等於當初投入的金錢價值。高保費也會成為生活中的經濟負擔，因此我在選擇保險時，都是以定期

CHAPTER 3
有效率、不踩雷的階段性理財規劃

險為優先,且不考慮保本型,就算是小孩的保險,我也不會買終身或是保本的,主要就是以低保費、高保額、高保障為考量。

而關於小孩的保險,除了醫療之外,我會特別在意意外險的部分,尤其是燙傷。照顧過小孩都知道,小孩好奇心旺盛,對於周遭環境的警覺性不像大人一樣敏銳,所以燒燙傷及重大意外發生的機很高,甚至引發失能的風險。

對爸媽來說,如果孩子真的發生意外,家長就可能必須暫停工作照顧孩子,將導致家庭經濟收入中斷,或是花錢請看護長期照顧,這些經濟損失的缺口,可以靠投保意外險來轉移跟補償。

另外,我也會留意是否有豁免保費機制。部分保單設計有豁免保費機制,也就是被保險人未來如符合豁免條件(如符合第一至第六級失能),將有機會不用繼續繳保費,保單保障依然有效,**可以解決無法工作導致沒有收入,續期保費還需持續繳付的狀況。**因此投保之前,可以仔細看看是否有豁免保費機制,意外發生時,才不會讓保費變成額外負擔。

買保險的目的是要用來解決我們無法負擔的風險,既然有預算考量,就務必要確認我們每一分保費是否都有花在刀口上,有沒有發揮最高的效益。不同人生階段,面臨的風險

與財務需求不同，因此保險規劃應根據年齡、經濟狀況與家庭責任進行調整；接下來是給各年齡層的保險配置建議，大家可以檢視對照看看，是否需要調整自己目前的保險內容。

剛出社會的 20～30 歲青年階級

年輕人的特性是健康風險低，**不過經濟能力有限、收入較少，所以要以低保額高保障為主**，預算有限時更要針對主要風險保障，還不需要考慮壽險跟長照險。

建議投保

◆ 意外險（高 CP 值）

意外死亡及失能——針對意外事故導致的身故及失能，理賠一次性的保險金。

舉例：保額 300 萬的意外傷害保險身故及失能，年繳保費也才 2,400 左右，一個月 120 元。

⚠ 注意：要確認「意外」的定義，可搭配便宜壽險當主約。

◆ **定期醫療險（住院／實支實付）**

彌補健保不支付的醫療費用，如住院病房費、手術費。

⚠ 注意：比起終身險，採取定期險的方式更適合。

◆ **重大疾病險（癌症險）**

符合「健保重大傷病項目」中的 22 大項保障範圍即可申請理賠，保險金為「一筆金給付」。例如：定期重大傷病險，保額 100 萬，年繳保費僅需 3,700 元。

⚠ 注意：重大傷病險一次給付、保額高、使用彈性高，拿重大傷病卡即可理賠。

【不一定要保】

◆ **壽險**：若無家庭負擔，需求較低。
◆ **長照險**：此階段發生機率低，可先不考慮。

小家庭、經濟穩定的 30 ～ 40 歲青壯年

這個年齡層是標準的三明治族，肩負更大的家庭責任，甚至有貸款壓力，需要更全面的保障。此時在對抗風險的考量

上，便需要從個人轉移到家庭。雙薪家庭則要視夫妻收入比重調整保額比率，也可以透過意外險轉嫁風險，例如所需金額 2,000 萬元，則可在意外險與壽險各保 1,000 萬元的額度。

> **建議投保**
>
> ◆ **定期壽險（保障家庭經濟）**
> 壽險理賠不是因為有人死亡，而是因為還有人要活下去！也因此三明治族若不幸身故，家人能獲得賠償以支付房貸、生活費。保額建議至少 10 倍年收入，例如年薪 100 萬，壽險保額應達 1,000 萬。
>
> ⚠ 注意：近千萬元的保額需求，定期壽險年保費約 2～3 萬元，但如果算成終生壽險，一年就要繳 30 萬元以上，所以「定期壽險」可以用低保費買到高保障。
>
> ◆ **意外險、醫療險、重大疾病險**
> 延續年輕時期的保障，確保涵蓋。
>
> ◆ **定期醫療險（住院、實支實付）**
> 彌補健保不支付的醫療費用，如住院病房費、手術費。

優先選擇不需要等待期的醫療實支實付險，門診手術可理賠手術費及雜費，年保費約 6,000 元左右。

⚠ 注意：定期醫療一般是附約，所以搭配是以便宜的終身壽險或其他醫療主約，主約年繳保費不超過 3,000 元。

◆ **重大疾病險（癌症險）**

符合「健保重大傷病項目」中的 22 大項保障範圍即可申請理賠，保險金為「一筆金給付」。例如定期重大傷病險，保額 300 萬，年繳保費約 1 萬。

⚠ 注意：重大疾病保額可提高至 300 萬以上，確保長期醫療費用充足。

◆ **失能扶助險（經濟支柱必備）**

因意外導致失能，能提供穩定生活補助。

⚠ 注意：月領跟一次給付的年繳保額如下：一次給付 500 萬，所需保費為 600 元／年（保額 500 萬／一年期附約），若是要月領 3 萬元，所需保費為 297 元／年（保額每月 3 萬／一年期附約）。*

* 保費和保額可能有所調整異動。

【不一定要保】
- **長照險**：可考慮，但非必需。因階段財務壓力大，優先確保家庭財務穩定。
- **投資型保單**
- **保本型的任何保險**

　　青壯年族如果有買房成家，擁有房地資產，也有了房貸負債，萬一不幸遭逢疾病或意外離世，將債務留給親人，所以這個時期就需要規劃壽險，以防萬一意外身故後，這筆錢可支應未來家人所需的費用與貸款支出等，以及自身的喪葬費用。

　　至於需要多少保額，因每個家庭的支出、需求、負債而有所不同，所以在規劃時要思考希望留多少金錢給家人，包含家庭固定開銷、子女教育金、生活費等，扣除淨資產後再加上負債，就是實際所需的保額數字。

健康風險升高的 40～50 歲壯年階級

資產跟健康風險都逐步提升的 40~50 歲高峰期，在這個階段，雖然財富累積到一定程度，但卻不得不正視健康風險跟著上升；除了子女的照顧跟教育金，還可能面臨父母長照問題及自身退休準備開始規劃，責任重大。

> **建議投保**
>
> ◆ **醫療險、重大疾病險保額提升**
>
> 定期醫療險的保額可提升，可再次確認保額是否足夠，建議保額至少 500 萬。
>
> ⚠️ 注意：如果之前未投保，建議趁健康時購買，避免健康狀況影響承保。
>
> ◆ **長照險（開始考慮）**
>
> 若日後進入需要長照的範圍，可確保有資金轉移看護跟入住機構的昂貴金額。
>
> ⚠️ 注意：建議選擇月領 3~5 萬 或 一次給付 300 萬以上的失能保險，以及長照險理賠範圍小，跟失能險擇一即可。

【不一定要保】
◆ 投資型保單
◆ 保本型的任何保險

除了意外失能險,還有勞保的失能給付

在寫本書的 2025 年,保險市場上幾乎已買不到疾病失能險,目前的失能險主要就是意外失能險,原因就是因為過去失能險的給付定義跟標準,比保費高的長照險還容易理賠,導致精打細算的保險公司損失率太高,也希望回歸保險的原意,也就是「保障」,所以只剩下意外造成的失能險有理賠。

不過在我國的勞工保險中,其實有一項失能給付,勞保的失能給付又分為「失能年金」與「失能一次金」,失能年金可以分次領,需要被判定「失能等級為 1~7 級、工作能力減損達 70% 以上,終身無工作能力、無法返回職場」的人,才可以領。

還可以工作、但被判定部分功能永久失能,則可以申請這個一次性失能給付。至於失能給付能領多少?這就要依照

投保勞保的薪資、年資做計算，以失能一次金來說，以失能前 6 個月平均工資，根據失能等級共 15 級，最高第 1 等級，給付日數 1,800 天；最低第 15 等級，給付日數 45 天。

未來的高齡化社會，長照險是必備？

只是如果要靠商業保險，目前規劃的經濟缺口只能仰賴長照險，因此接下來我們就看看，長照險是不是有需要買？

長照險全名為「長期照顧保險」，和失能險最大的不同，在於長照險給付的認定標準較嚴格，其一必須要透過巴氏量表判定符合「長期照顧狀態」，或是符合失能等級一（到這個等級通常就也需要長期照顧了），才符合請領標準，所以說像是手指斷掉或喪失機能這種失能等級，無法請領到長照險的保險金。

那到底需不需要購買長照險呢？有些人會選擇重大疾病險、意外失能險來部分取代長照險，但長照險的設計通常是「持續給付」，如每月給付固定金額（例如 3 萬或 5 萬），能更長期支應照護費用。因此，如果沒有足夠的存款或其他保險作為替代方案，長照險會是一個值得考慮的選擇。

長照險優缺點比較：可定期或一次給付，但保費高

優點	缺點
• 以長期照護「狀態」來判定，而非事故或疾病之原因。 • 沒有「工作能力」的限制。 • 有一次性給付或定期給付，每月可獲得穩定的照護補貼。	• 要達到中重度才能理賠。 • 需要定期提供「長照狀態」診斷證明書，也就是每年需要把患者帶回醫院，請醫師重新開立診斷證明書之後，才能請領保險金。 • 保費偏高，假設每月能給付 3 萬元的終身長照險（無還本設計），繳費 20 年期，50 歲的年繳保費要 3~6 萬。

你需要買長照險嗎？有家族病史建議要買

適合購買長照險	可以考慮不買
• 沒有足夠存款支應未來的長照費用。 • 家族病史中有失智、腦中風等高風險疾病。 • 身為家庭主要經濟來源者，擔心未來影響家人負擔。 • 希望在晚年有較高品質照護選擇，不想完全依賴政府補助。	• 已經擁有足夠的存款或資產，能應付未來長照需求。 • 已購買其他能提供類似保障的保險，如高額失能險或重大疾病險。 • 有家人能長期提供照護，不需額外財務支援。

CHAPTER 3
有效率、不踩雷的階段性理財規劃

總結來說，長照險並沒有非買不可，但如果沒有足夠的財務準備，且希望減輕未來家庭的經濟壓力，那麼這會是一個值得考慮的保險。**購買前應先評估自身財務狀況和已有的保險內容，再決定是否需要補強這一塊保障。**

「繳費二十年後享有一輩子保障」的迷思

我強烈建議不需要保終身險的原因，是來自切身之痛！在我開始工作賺錢之後之後，媽媽讓我自己繳兩張終身醫療險的保費，一張一年保費是 7,000 多，另一張則是 4,000 多，在我生第一胎時需要剖腹產，審視了我的終身醫療險才發現，無論是額度還有給付都相當少，也不符合時代所需，尤其裡面不少手術的給付條件都已經過時，也驚覺我完全沒有實支實付醫療險，才讓我正視自己的保險狀況。

● 醫療技術會進步，但保障沒有！
終身醫療險 5 大缺點

終身險主打繳二十年保費就能有終身保障，聽起來確實很划算，但實際上卻有以下五個大缺點！**首先就是溫水煮青**

蛙的通膨，像我個人的終身醫療險，媽媽在我十五歲時買了一張一天可以理賠 1,500 元的醫療險，**但依據現在的通貨膨脹速度，等到我七十歲的時候，這 1,500 元價值恐怕連 500 都不到**，並且在繳費的二十年間，都是以「當時的費率」去計算的，一來一往之下，其實非常不划算。

第二點是保單的賠款是根據保單內容條款，但事實上在科技進步的當下，醫療變革越來越進步，十幾年前的保單內容是根據過去醫療技術跟手術訂定的，**但未來無論儀器或是手術技術，都更進步也更精密，舊的保單內容在理賠時可能會產生爭議。**

第三個缺點是終身險繳的保費高、強調保障終身，但也等同訂定契約的同時就限制了彈性，因為是終身險、所以是固定的理賠金額，代表可以調整的空間相對小，但每個人所需的保障會隨著不同的人生階段而有變化，**終身險的硬傷就是只能縮減保額卻不能增加**，所以在保單的調整靈活度上非常非常低。

第四個缺點是，終身險的保費相較於定期險高出不少，終身險與定期險的計費方式，分別為「平準費率」與「自然費率」，假使被保險人的平均餘命僅剩五十五年，終身險要分攤在二十年繳完所有保費，**所以每年所繳的終身險保費，**

CHAPTER 3
有效率、不踩雷的階段性理財規劃

比起隨著年齡調漲的一年期定期險還是貴上許多，差距至少五倍！

終身險的立基點，是將這輩子該繳的錢都濃縮在二十年預先繳完，以換取終身的保障；但卻也因為這樣的設計，沒辦法達成前面提到保險三原則的「對、夠、好」目標，也就是希望用最少的預算做最足夠的保障，透過終身險是辦不到的，由於金錢的實質購買力，會隨著通膨逐年降低，**終身險等於是用現在的錢去買未來的保障，這個保障就必然會貶值。**

最後，終身險通常會有一個繳費年限，也就是要繳滿這個期限才能享受到「終身」的果實。但是換句話說，**倘若我在這二十年裡有幾年因經濟狀況不佳被迫停繳的話，在一定的時間後，這個終身險就消失了**，前面所繳的保費也就不見了，所以非必要的話，我希望大家以投保定期險為優先首選。

那麼，該怎麼調整目前的保險狀態呢？首先，檢查是否有以下不同年齡層該有的基本保障：

- ✓ 意外險 → 有無意外醫療保障？意外身故賠償夠嗎？
- ✓ 醫療險 → 住院、手術費用是否足夠？有無實支實付？
- ✓ 重大疾病險 → 癌症、心臟病等高發疾病的保額是否充足？
- ✓ 定期壽險 → 若身故，家人是否有足夠的保障？
- ✓ 長照險／失能險 → 若未來失能，有無長期生活費來源？

接下來，檢視目前保險是否過於重疊或過度購買，例如：

- ▲ 重複購買多張醫療險（但賠償有上限）。
  →建議：若都有實支實付可保留。
- ▲ 壽險保額過高（但子女已獨立，不一定需要）
  →建議：可採取減額繳清。
- ▲ 投資型保單比例過高（但未必符合風險需求）
  →建議：立刻解約！投入市值型 ETF。

打造最佳微笑曲線！
活用定期定額的優勢

　　上一段花了很大的篇幅討論保險，當然是希望大家能夠先做好風險控管，尤其在資金不多的狀態之下，更要將保障做足以轉嫁重大風險，避免遇上大變故打亂原先的財務規劃目標。當我們確認自己有抵禦風險的能力後，就可以開始進行投資理財，起手是絕對是定期定額。

有錢持續參與市場的基本功

　　定期定額聽起來老生常談，卻是不敗的致富方程式。

但首先我想破除一些迷思，不少人聽到定期定額給我的第一個反應常常是「蛤？一個月 3,000 太少了吧！這樣存錢好慢喔⋯⋯」這句話就有兩個很大的誤區，首先，定期定額是一個方法，法律並無規定定額只能 3,000 啊！你可以月扣 3 萬，我也遇過每個月固定扣款 30 萬的；反之若資金不充裕，月扣 1,000 也不是不行。

第二個誤區是認為定期定額很慢，資金分批投入確實沒有像單筆投入那樣，資產累積比較有感，但卻忽視了單筆投入的風險也較大，如果投入之後遇到市況不好，資產減損的幅度也會比定期定額大出很多。事情都是一體兩面的，關鍵在於本金跟方法。

定期定額扣款 3 萬的人跟單筆投入 10 萬的人，兩個人的初始資產水平在四個月後就不相上下了，誰能走得長遠才是關鍵。單筆投入也許恰好搭上多頭起步，一開始成長幅度很快，但卻沒有資金再持續投入；反觀定期定額的人因為資金分配得宜，可以持續投入，並且還能在低點時加碼投資，最後定期定額累積的總報酬率跟本利和，都勝過單筆投資者。

千萬不要忽視定期定額積少成多的複利習慣，**定期定額的目的是要走出微笑曲線，因此一定要堅持至少三年以上，**

CHAPTER 3
有效率、不踩雷的階段性理財規劃

傳統經濟學三年是一個多空循環，那如果你不是投資小白，我更建議可以進一步採用「定期不定額」或是「單筆＋定期定額」這兩種定期定額的進階法。

定期不定額：降低成本的進階技巧

所謂定期不定額就是依照市場狀況、靈活調整每次投入的金額，**當市場較低點時加碼投資，市場較高點時減少投入，目標是在相對低點買入更多單位數**，進一步降低投資成本。現在各大基金平台的自動機制很方便，鉅亨的超底王、基富通的智動投，還有中租基金平台的靈活扣，設定好跌幅就會自動加碼扣款，是無法隨時看盤、忙碌上班族的福音。

那麼實際來說該如何執行？原先設定期扣款 6,000 元，根據市場狀況，實際投入金額在 3,000 元至 12,000 元之間變化。以目前各基金平台的主要加碼機制有兩種狀態：

（1）**根據基金帳面上的報酬率**，可設定報酬率達正 20% 時，扣款金額減一半為 3,000；反之出現報酬率負 20% 時，就可以加倍扣款，也就是扣到 12,000。

（2）**根據基金標的本身跟之前的淨值相比**，更貼近市

簡單理解定期不定額：市場下跌多少，就加碼多少

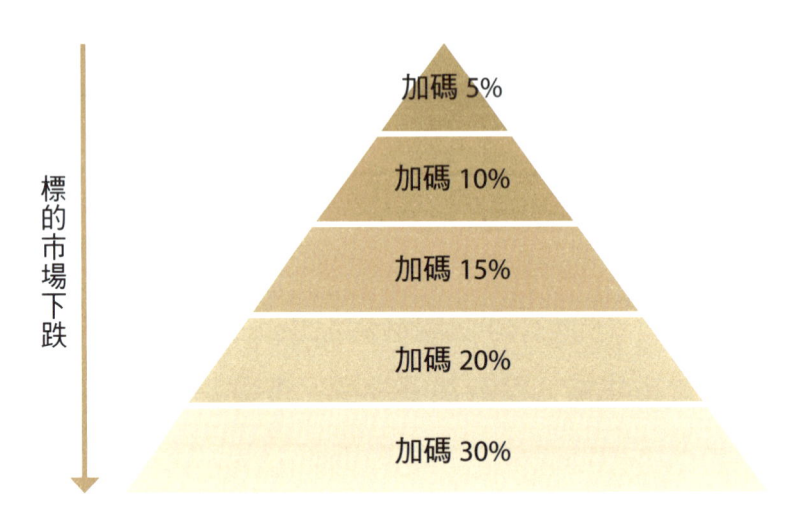

標的市場下跌 ↓

- 加碼 5%
- 加碼 10%
- 加碼 15%
- 加碼 20%
- 加碼 30%

場的狀態。以鉅亨超底王為例，系統每日自動比對最新淨值與過去第 10 個基金營業日淨值，當淨值下跌觸發使用者所設定的跌幅（%），就會啟動扣款，幅度從 2% ～ 99% 都可設定，扣款日期也不限，唯一需要擔心的就是銀彈不夠吧（XD）！

定期不定額的優點在於，可以在低點買入較多單位，提

CHAPTER 3
有效率、不踩雷的階段性理財規劃

高獲利機會,並且避免市場過熱時過度投入資金;但缺點就是資金控管要相當謹慎,且需要設定合理的買入條件,執行上較為複雜。

如果覺得設定平台機制太複雜了,就把定期不定額理解成「金字塔買法」,也就是當標的市場價格下跌10%,就加碼10%;下跌15%,就加碼15%,反之上漲就減碼,以此類推。當市場下跌時,利用這個方式來設定逢低加碼的資金分配。

● 如果有閒錢,可以嘗試單筆投入再定期定額

我們再來看「單筆+定期定額」,這個原理就是字面上的意思:一開始投入一筆較大的金額(單筆投資),確保資金迅速進入市場參與成長,之後再用定期定額方式持續投資,平均成本、分散風險。

一開始先投入一筆較大的資金,例如10萬元,之後維持每個月定期定額3,000。**先讓較高額的單筆投資可以立即參與市場成長,而不是等市場漲上去才慢慢累積部位**;而後面持續定期定額則可以幫助分散風險,分散進場成本,避免一次性買入剛好遇到高點,除了降低短期市場波動影響,也能確保自己一直留在場上。

「單筆＋定期定額」的優點是當市場長期向上時，報酬率通常比單純的定期定額高，而一開始的單筆投入能讓資金更快發揮效益，不浪費市場成長機會；不過這同時也是缺點，若剛好單筆投入後市場下跌，短期內可能會有較大浮動虧損。也因此，這個方法比較適合有一筆閒置資金的投資人，對於資金有限的則較難執行。

獲利高手因應三種市場的定期定額策略

　　根據歷史數據回測，兩種定期定額進階版的方式比起單純定期定額來說，更有機會獲得較好的年化報酬率，**尤其是單筆＋定期定額，很適合長期向上的市場（例如美股跟台股）**，因為早期投入較多資金，市場上漲時能獲得較高的長期報酬；**定期不定額則適合波動較大、較震盪的市場，透過策略性加碼在低點買進，可以進一步提高報酬率。**

● 投報率最高的方式，未必適合自己！

　　那麼該如何選擇適合自己的策略呢？如果想要最省心的方法，定期定額很適合你，儘管沒有時間看盤，長期下來仍

跟著市場狀態調整投資方式，讓獲利最大化

市場狀況	策略執行順序
長期向上 （復甦到繁榮期）	單筆＋定期定額 > 定期不定額 > 定期定額
震盪波動加劇 （繁榮到衰退期）	定期不定額 > 單筆＋定期定額 > 定期定額
下跌熊市期 （衰退期）	定期定額 > 其他策略 （因為能以低價買入更多單位）

然能獲得穩健報酬；如果希望提高報酬率，也有時間關注市場，了解總體經濟變化趨勢，那就是採取定期不定額，像是2025年就很適合這樣的策略，適度的運用市場波動來強化資金效率，關鍵是要有足夠的財商知識，設定足夠好用的買入規則；最後，如果手邊剛好有一筆資金，想讓報酬最大化，單筆＋定期定額絕對是最好的方式，尤其適合純市值型的大盤ETF（如S&P 500、加權指數）長期投資市場，單筆投資提高進場資金的效率，再透過定期定額攤平成本。

那如果不確定自己的風險屬性,可以參考上頁表格中根據當下景氣位階跟總體經濟狀態來決定投資策略的建議。選擇適合自己的方式,並且根據市場變化靈活調整,才是最聰明的投資人!

CHAPTER 3
有效率、不踩雷的階段性理財規劃

為將來退休的自己準備好現金流

與其說退休，我覺得大家是想過「有選擇權」的生活。可以選擇在生病時不用擔心請病假造成同事困擾，或者被老闆扣績效分數；可以選擇不被強迫做不喜歡的工作；選擇自己得心應手的事情，發揮自我價值；對爸媽而言，可以在小孩因腸病毒停課必須要有人照顧時，選擇待在孩子身邊陪伴小孩。**這些有所選擇的背後，就是要靠有一定的財務自由度來支撐。**

財務自由度是可以估算的，在理財規劃的標準是「生息資產×年化報酬率／年支出」，也就是每年靠投資獲利的錢（被動收入）可以應付每年支出的比例，所以許多財務自由

的討論強調「提早二十～三十年退休」,但這並非適合所有人的選擇。我們真正應該做的,是建立完整的財務安全網,讓未來的自己擁有選擇的自由,而不是被迫工作或提早退場,卻發現財務準備不足。

分析退休金的三大來源,需要補強哪一個?

隨著社會變遷與醫療進步,現代人的壽命越來越長,退休後的生活可能長達二十至三十年,甚至更久。然而,如果缺乏穩定的現金流,退休生活可能充滿財務壓力。因此,如何提早規劃,確保退休後擁有穩定收入,是每個人都該思考的課題。

我並不鼓吹輕易辭職,我們要做的是建立「如果真的想,可以直接辭職」的自信和保障,同時我認為,工作是可以建構個人價值以及給孩子良好示範的關鍵;我國退休金的三大支柱,如同下頁的退休金金字塔所示,可以看出政府提供的第一層跟雇主的第二層占比,遠大於自己準備的部分,如果還在工作(勞工身分),要好好把握政府跟雇主幫你存的勞退金。

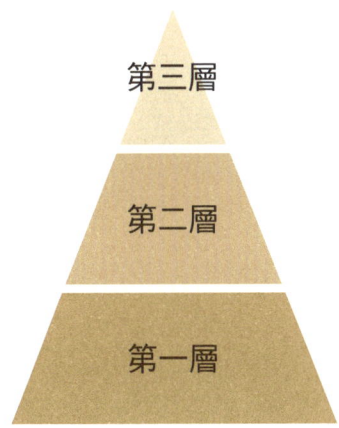

CHAPTER 3
有效率、不踩雷的階段性理財規劃

第三層　自己準備的部分。例如：個人儲蓄與退休投資、購買商業保險。

第二層　雇主職業退休金。例如：軍公教退撫制度、勞工退休金新制、勞工退休金舊制、私校人員退撫儲金制度。

第一層　政府提供的社會保險。例如：軍人保險、勞工保險、公教人員保險、國民年金。

● 勞保年資 40 年，退休後可月領 2 萬多

先從第一層勞保（又稱勞保年金）看起，有破產疑慮的是這一層，關鍵是少子化的影響，付保費的人越來越少，但需要提領保費的退休族越來越多。當然政府在持續改革之下，目前的勞保年金改革制度跟提領方式都與時俱進，投保年資超過十五年並且在民國 98 年後加保的，一律都是領勞保年金，也就是月給付制度，請領勞保年金的首要條件是保險年資滿十五年。

但並不是所有的人都是滿 60 歲就可以請領勞保年金，目前請領年齡要根據出生年次。依照勞保局官網，民國 114

民國 52 年後出生的勞工，滿 65 歲可以申請勞保退休金

出生年次	法定請領年齡	
	年齡	民國
45 年（含）以前	60	98–106
47 年	61	108
48 年	62	110
49 年	63	112
50 年	64	114
51 年	65	116
52 年（含）以後	65	依出生年次計算滿 65 歲之年度

* 資料來源：勞工保險局官網

CHAPTER 3
有效率、不踩雷的階段性理財規劃

勞工保險老年年金給付試算

出生年度：
請輸入出生年度(民國)

出生年度：
幾歲：　　　　　　　　　　　幾個月：
請輸入歲數(歲)　　　　　　　0

最高60個月之平均投保薪資：
請輸入平均投保薪資(元)

參加保險年資：
幾年：　　　　　　　　　　　幾個月：
請輸入參加保險年資(元)　　　0
(保險年資滿15年以上，始可請領年金給付)

試算　　全部清除

年（2025 年）可以請領的條件，要年滿 64 歲，而到了民國 115 年則提高到 65 歲，也就是說，在民國 52 年之後出生的人，依照目前的法規都是年滿 65 歲之後才能申請勞保退休金。

那麼這筆由政府準備的退休金，可以領多少錢呢？ 我們都以最高投保級距 45,800 元計算，以年滿 65 歲、勞保年資 40 年來看，一個月可以領 28,396 元。想知道自己退休可

109

以領到多少錢，可以在勞保局網站上查詢。雖然 2 萬多的金額看起來不多，但關鍵在於活越久便能領越久。

● **月薪 6 萬，工作 30 年的勞退金每月至少 10,000**

接著我們再來看第二層的職業退休金，這部分是勞工退休金（勞退），是政府強制雇主替勞工提撥的退休保障，這就沒有最高 60 個月平均投保薪資 45,800 的天花板限制，而根據每個月實際領到的薪水（原領薪資）的 6% 存入勞退帳戶。

<u>如果保持穩定工作到退休年齡，勞退金累積的時間越長，退休時領取的金額就越多，</u>同時勞工新制這個專戶是勞工本人自己的帳戶，每位勞工的勞退金都是獨立的，不需與他人分享，因此不會有破產的風險，只要年滿 60 歲就可以申請，差異在於累積年資小於十五年就是一次領，年資十五年以上才能選擇月領（實際上是按季發放）。

一樣來試算看看可以領多少錢，我們以工作三十年，退休前月薪 6 萬，沒有自提，只有雇主提撥 6%（設定預估狀況為個人退休金投資報酬率 3%、選擇新制之後的工作年資三十年、預估平均餘命二十三年），經過試算後，預估累計的退休金和收益，共為 210 多萬，每個月平均可領的退休金為 1 萬多元。

CHAPTER 3
有效率、不踩雷的階段性理財規劃

> **未來的退休金，還要準備多少？**
>
> 直接上網查詢「勞工個人退休金試算表（勞退新制）」和「勞工退休金個人專戶查詢及試算」，先了解目前退休金金字塔已經累積到多少，及早準備之後的退休財務計畫。

最快的方法，是直接看看自己的專戶有多少錢，搜尋「勞工退休金個人專戶查詢及試算」，即可連結到勞保局網站，可用行動電話憑證、自然人憑證等方式，查詢自己目前的勞退專戶中有多少錢。

● 扣掉來自政府的退休金流，自己需要準備多少？

我們已經知道第一層跟第二層的保障，可以在退休後大約給我們一個月近 3 萬的現金流（以 60 歲退休、年資 35 年計算，適用勞退新制），這是每個勞工都有的權利，因此我才建議，非必要不需提早辭職，否則就降低了退休後的保障。

而我們該做的事情是打造第三層的被動收入，這個就根據每個人退休後對生活的期待而定，學理上我們習慣用所得替代率計算，也就是假設退休前所得 6 萬，也許退休生活所

需支出打八折、約 48,000，扣除來自政府的 3 萬，自己需要準備的是一個月 18,000 元，再假設用餘命二十年計算，只需要 432 萬。

看到這邊，是不是大大的增加退休生活的信心了？要幫自己準備退休金其實並沒有那麼難，當然這只是粗估，我並沒有加入通膨因素，若硬是要加進去，可以把準備金額提升到 650 萬左右，這也並不是天方夜譚。

第三層的準備法就是建構被動收入，更白話來說是讓資產為你工作的關鍵，選擇優質的指數型 ETF，或是優質的科技股票基金，後面的章節我會再詳加說明介紹。選擇共同基金是因為個股風險高，難以預測，而市場整體成長機率較高，因此 ETF 或指數基金這些投資標的能夠隨著時間成長，更適合作為資產增值工具。

設定兩個目標，存第一桶金真的不難

那還沒存到百萬的人，可以先從哪個目標開始呢？也不需要貪心，**首要目標是先有第一筆 10 萬元**，這個就是真的要儲蓄下來，採取「先儲蓄、後花費」的策略，可以複習前

面的章節，將每月收入的固定比例直接存入儲蓄帳戶，要先有錢才可以開始投資，選擇低風險的定存，**但必須要一年內完成，才不會被通膨侵蝕購買力。**

第二個目標，累積第一個 50 萬元。透過投資優質 ETF、基金，設定年化報酬率目標為 5～7%，時間拉長就能看到資產成長。最後，把目標放在看到資產有第一個 100 萬元，到這個時間點，資產開始發揮複利效果，持續投入市場，讓錢為你工作。有了 100 萬之後，會更有把握和自信，甚至當本金足夠大，這個 100 萬翻倍成 200 萬、甚至 300 萬也不是難事。

投資最重要的原則之一是「複利」，最後要提醒各位，一定要相信複利的奇蹟，稍微耐心等待，時間是讓資產增值的關鍵，透過盡早開始且長期持有，就會看到資產隨著時間成長，讓本金滾動產生更大的報酬。單純以每年穩定獲利 5～8%，10 年、20 年後的資產將大幅提升。

退休生活應該是輕鬆愉快的，而非充滿財務焦慮；**先估算自己的勞保老年年金和勞退退休金，再衡量退休生活的每月金流缺口有多大，**透過政府跟雇主幫我們準備的兩筆退休金，以及自己開始儲蓄跟投資，建立多元被動收入滿足第三層的現金流缺口。現在開始行動，讓未來的自己擁有穩定現金流，安心享受退休時光！

CHAPTER 4

投資配置
加入科技基金，
本金翻倍、獲利有感！

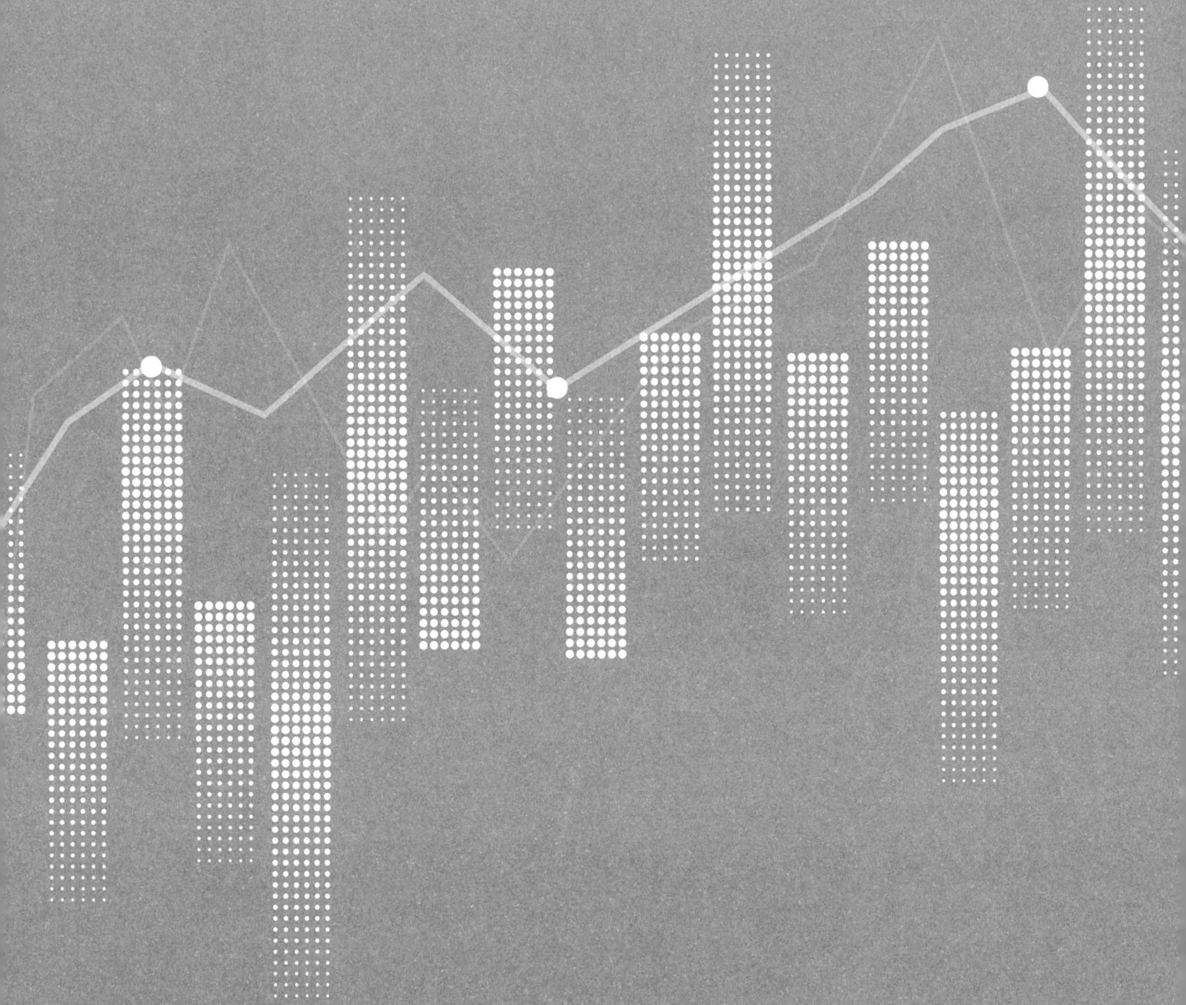

不敗的科技基金，
也是我的起家厝

　　我始終相信科技基金的原因很簡單，因為只要人類存在，科技就會一直進步。**如果要為孩子從小開始定期定額，除了市值型 ETF，絕對就是科技基金。**

　　我是跑科技產業出身的，至今主要的獲利跟資產最大部位，也是在科技基金，這裡指的是主動基金，我喜歡長期績效績優的主動基金，經理人操盤績效跟投研團隊就是致勝關鍵。

　　那麼，為什麼我選擇布局主動基金來參與科技產業的成長呢？**關鍵就在於我親身經歷也看過科技產業當中起落跟發展，交給經理人選股跟操盤是更好的選擇**，同時若從績效回

CHAPTER 4

投資配置加入科技基金,本金翻倍、獲利有感!

科技基金跟美國指數的十年績效比較圖

績效走勢

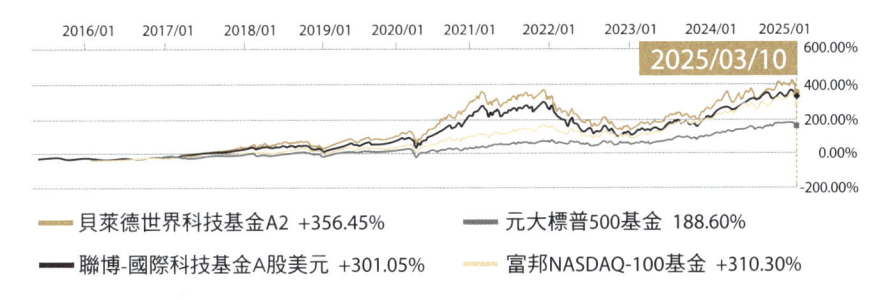

- 貝萊德世界科技基金A2　+356.45%
- 元大標普500基金　188.60%
- 聯博-國際科技基金A股美元　+301.05%
- 富邦NASDAQ-100基金　+310.30%

➡ 以 10 年期間的走勢來看,科技基金的報酬皆勝於指數型。

測來看,主動基金的長期報酬率是勝過大盤指數的。

　　上圖是只看十年,在科技浪潮的發展跟帶動之下,那斯達克 100 指數的績效跟主動基金差不多,漲幅更幾乎是標普 500 指數的兩倍;這時候你可能會說,那我買 Invesco 那斯達克 100 指數 ETF(QQQ)或是追蹤相似指數的 ETF 就好,接下來我們從更長期來看,用績效數字證明為什麼該布局主動基金。

　　雖然文中比較的 ETF 跟科技基金有成立的時間差,<u>但我們只需要聚焦在兩檔科技基金長時間的表現,就可以看到</u>

科技基金跟美國指數的績效比較圖：從成立起迄今

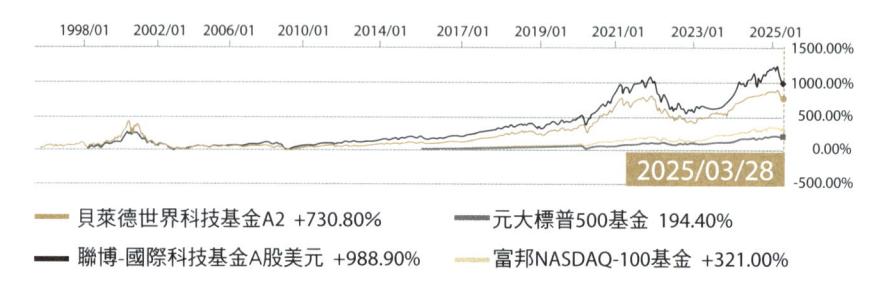

績效走勢

- 貝萊德世界科技基金A2 +730.80%
- 元大標普500基金 194.40%
- 聯博-國際科技基金A股美元 +988.90%
- 富邦NASDAQ-100基金 +321.00%

2025/03/28

➡ 再把時間拉長到從成立以來的長期報酬，同樣是科技基金勝。

具有資產翻七倍到十倍的好成績，這也正是我喜歡主動基金的原因，歷經牛熊長期趨勢向上，進而帶動淨值不斷創高，而這個淨值是沒有天花板的。

● 挑選科技基金時，別用挑選個股的方法！

至於該怎麼挑選科技基金？請記得，淨值（價格）不是重點，因為共同基金不是個股，共同基金是買單位數，**簡單來說就是透過持有這些單位參與一籃子股票的成長**，當中的持股更換跟比例調配就是基金公司的事情。

CHAPTER 4
投資配置加入科技基金，本金翻倍、獲利有感！

分享我個人挑選科技基金的幾個原則，直接把範圍縮小到科技其實就容易多了，主要會看長中天期，也就是十年期跟三、五年期的績效，都要至少在同組排名的前段班，**但我更在意五年跟十年，因為定期定額投資是跑馬拉松，只看短期績效有失公允。**

我也常常被問到，科技基金適合單筆投入嗎？先說，我自己除了定期定額之外，也有單筆投入的部位；至於如果是讀者目前手中有一筆錢，要不要直接單筆投入科技基金呢？若你的風險成熟度夠高，且對科技產業跟生產力循環有足夠信心，是可以這樣做的。但若不太確定自己的風險屬性，其實母子基金是個好方法，在接下來的內容會詳細介紹。

個人強推！適合長期持有的 4 檔科技基金

如果透過上述的標準篩選，大概可以挑出以下四檔熱門科技基金：貝萊德世界科技、聯博國際科技基金、摩根 JPM 美國科技和富蘭克林坦伯頓全球投資系列 - 科技基金，以下從績效、持股和風險三個方面來進行分析。

我習慣先看持股，攤開一看會發現大同小異，科技股的

4 檔熱門科技基金從成立至今，長期投報率穩定向上

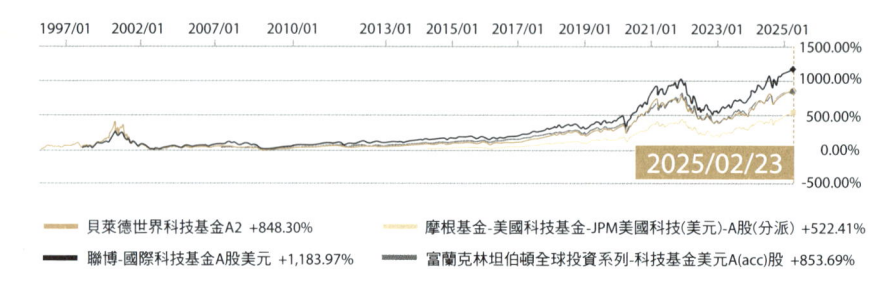

績效走勢

基金	報酬率
貝萊德世界科技基金A2	+848.30%
摩根基金-美國科技基金-JPM美國科技(美元)-A股(分派)	+522.41%
聯博-國際科技基金A股美元	+1,183.97%
富蘭克林坦伯頓全球投資系列-科技基金美元A(acc)股	+853.69%

➡ 雖然在 2021~2022 年波動較大，但長期來看報酬仍是向上。

主流風向蠻一致的，不過在級別部分要留意，有的科技基金有配息選項，也就是「分派」，或是直接寫「配息」，這在申購時都得多加留意。

下頁表格中的基金持股標的來自基金平台，有時資訊會有時間差，提醒各位，想了解一檔基金的操作跟持股最新狀況，一定要看「基金月報」，也就是「基金的身分證」，裡面可以看到過往績效跟持股明細等更多的細節。基金月報是投資基金一個重要的指標，要知道自己投資的區域屬性跟持股，也才能有信心長抱。

CHAPTER 4
投資配置加入科技基金，本金翻倍、獲利有感！

四大科技基金的前五大持股和比例，輝達大受歡迎

貝萊德世界科技基金 A2	聯博-國際科技基金 A 股美元	摩根基金-美國科技金-JPM 美國科技 (美元)-A 股 (分派)	富蘭克林坦伯頓全球投資系列-科技基金美元 A(acc) 股
NVDIA Corp. 9.24%	NVDIA Corp. 5.9%	Meta Platforms, Inc. -Class A 4.96%	NVDIA Corp. 8.66%
Apple, Inc. 8.53%	Meta Platforms, Inc. -Class A 3.74%	Netflix, Inc. Common Stock 4.66%	MICROSOFT.CRO 8.28%
MICROSOFT.CRO 8.4%	Broadcom, Inc. 3.41%	Take-Two Interactive Software, Inc. Common Stock 4.22%	Broadcom, Inc. 5.94%
Broadcom, Inc. 5.53%	Amazon.Com, Inc. 2.22%	Alibaba Group Holding Ltd ADR 3.70%	Apple, Inc. 4.47%
Meta Platforms, Inc.-Class A 4.71%	Apple, Inc. 2.14%	Snowflake, Inc. Common Stock 3.42%	Amazon.Com, Inc. 3.79%

* 更新時間：2025/3/31，資料來源：鉅亨

➡ 可以發現，這四個科技基金前五大成分股重疊度很高。

了解基金的最新操作和成分，一定要看月報
—— 以「富蘭克林坦伯頓全球投資系列 - 科技基金美元 A(acc) 股」為例

累積報酬率（%） （各幣別，至 2025/3/31 為止，資料來源：理柏）

期間	三個月	六個月	一年	二年	三年	五年	十年	年初至今
台幣別（美元累積型）	-12.71	-4.26	-0.14	51.17	28.69	123.29	320.71	-12.71
原幣別（美元累積型）	-13.81	-8.75	-3.75	38.62	11.05	103.38	296.48	-13.81

定期定額累積投資成果 $

年度	一年	二年	三年	五年
累積金額	56,855	133,210	228,667	394,597

* 每月投資新台幣 5000 元，至 2025/03/31 止，資料來源：理柏資訊，累積投資成果 = 成本 + 投資報酬。假設每月 1 日扣款、遇例假日則以次一營業日計算

單年報酬率（%） （原幣別，截至各年度年底，資料來源：理柏）

年度	2015	2016	2017	2018	2019
報酬率（美元累積型）	7.31	6.99	40.00	1.40	38.01
年度	2020	2021	2022	2023	2024
報酬率（美元累積型）	61.25	23.18	-44.39	52.70	25.91

CHAPTER 4

投資配置加入科技基金，本金翻倍、獲利有感！

主要投資標的（占總資產%）（2025/3/31）	
輝達 (美國 半導體及半導體設備) NVIDIA CORP	8.66
微軟 (美國 軟體服務業) MICROSOFT CORP	8.28
博通公司 (美國 半導體及半導體設備) BROADCOM INC	5.94
蘋果公司 (美國 科技硬體與設備) APPLE INC	4.47
亞馬遜公司 (美國 非核心消費經銷及零售) AMAZON.COM INC	3.79
台積電 (台灣 半導體及半導體設備) TAIWAN SEMICONDUCTOR MANUFACTURING CO LTD	3.43
(美國 軟體服務業) SERVICENOW INC	2.73
新思科技公司 (美國 軟體服務業) SYNOPSYS INC	2.71
萬事達卡 (美國 金融服務) MASTERCARD INC	2.30
賽富時 (美國 軟體服務業) SALESFORCE INC	2.29

* 資料來源：富蘭克林科技基金月報

123

此外，我也必須要提醒目前正躍躍欲試的各位，科技基金普遍風險較高，屬於 RR4 級別，投資前要充分了解自己的風險承受能力，接受可能的損失，才能在長期內獲得較好的回報。總結來說，**科技基金是一種高風險也高回報的投資工具，適合有一定風險承受能力並希望在長期內增值資產的投資者。**

不同月薪的投資比例，怎麼分配最好？

「我月薪才 X 萬，想投資但不知道放多少才好？」這也是小姐姐常會收到的詢問。首先，請大家記得兩個原則：**（1）無論資金多寡，都要用閒錢投資；（2）掌握台美雙引擎，但得留意重複性，避免過於集中。**接下來就以情境實例來示範定期定額搭配科技基金扣款的分配。

> 已經定期定額扣款美股市值 ETF，例如：富邦 NASDAQ（00662）、元大 S&P500（00646）、國泰費城半導體（00830）、統一 FANG +（00757），該怎麼搭配科技基金扣款呢？

CHAPTER 4

投資配置加入科技基金,本金翻倍、獲利有感!

月薪 4 萬 5,按照 433 比例的投資建議
—— 以投資 ETF 和科技基金為例

【設定】月薪 **45,000 元**,**15,000 元投資**(※ 比 30% 的 13,500 稍多)

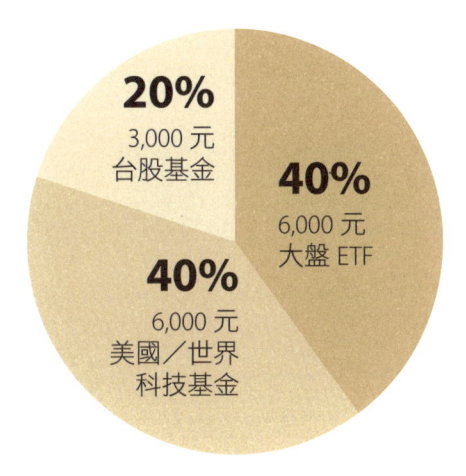

20%
3,000 元
台股基金

40%
6,000 元
大盤 ETF

40%
6,000 元
美國/世界
科技基金

　　如果已經購買美國科技股的 ETF,可以選擇美國占比不要那麼高的科技基金,像是富達全球科技基金,或是優質且長期績效好的台股基金,達到分散投資的效果。反之,若已經扣款台股市值型 ETF 的投資人,就可以搭配上述建議的科技基金來定期定額扣款。

　　建議比例採取 1:1,也就是說假設 ETF 部分月扣款 **3,000**

台股基金近五年內的報酬率 TOP10

基金名稱	五年（%）	三年（%）
統一奔騰	280.63	76.36
安聯台灣科技	251.42	61.80
野村鴻運	234.40	54.71
瀚亞高科技	231.64	66.23
統一黑馬	231.29	51.21
野村成長	222.51	49.17
野村積極成長	220.71	48.97
野村優質	217.96	37.24
野村中小	214.50	44.45
富邦精銳中小	212.89	51.59
加權指數	91.37	26.17
電子指數	142.91	46.46
台股基金平均	132.80	32.57

* 資料來源：晨星，統計至 2025/1/10。
* 與基金無不當利益，非推介之意，僅提供讀者們選購參考。

元，主動基金部分就選一檔、也是月扣款 3,000 元，不過這個比例也可以增減。以月薪 45,000 元來看，搭配前面章節的理財比例邏輯，若希望每個月分配在投資的資金比例有 30%，將 13,500 湊整數到 15,000 元投入市場，則可以採取 6,000 元投資大盤 ETF，6,000 元投資美國／世界科技基金，另外 3,000 元則可以投入台股基金。這樣的做法可以透過自己觀察報酬率跟波動，判斷自己比較適合主動基金還是 ETF。

獲利高手才懂的「加碼」時機和額度

知道下跌正好加碼,但人性恐懼怎麼克服?

投資科技基金有兩種主要策略:定期定額和單筆扣款。定期定額投資法適合大多數人,因為它能夠穿越市場的牛熊周期,平穩地累積資產。而單筆扣款則適合在市場修正時進行,需要投資者具備較強的心理素質和風險承受能力。

「加碼」一直都是大議題,最直觀的當然就是「市場下跌」。但是當市場真的下跌了,例如剛好在寫這段落的 2025 年 3 月 31 日、也就是川普威脅關稅解放日 4 月 2 日的前夕,全球壟罩恐慌,美股四大指數持續下跌,台股加權指

CHAPTER 4
投資配置加入科技基金，本金翻倍、獲利有感！

美國宣布關稅影響，美股大跌、台股跌破 21,000

上市	20,843.79 ▼759.10 2821.83億
上櫃	231.52 ▼11.44 830.39億
電子	1,118.50 ▼44.95 1653.74億
金融	2,086.05 ▼44.33 115.76億

20,843.79　　成交 **2821.83**億
　　　　　　　　▼759.10(3.51%)

開盤　　　最高　　　最低　　　昨收
21,254.63　21,254.63　20,778.96　21,602.89

21,800.00
21,602.89
21,400.00
21,000.00
20,843.61
21,600.00

09　10　11　12　13

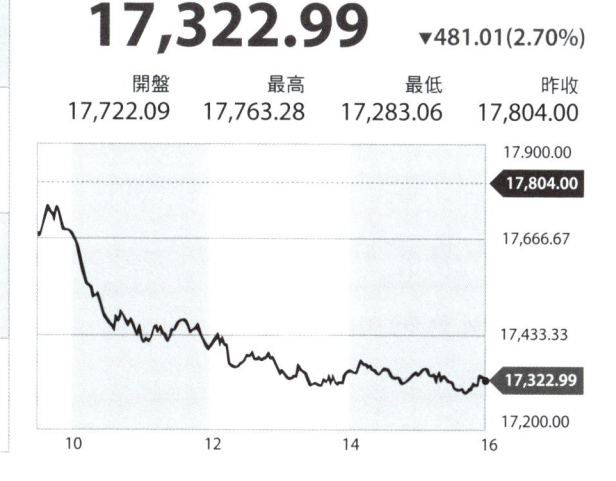

道瓊工業	41,583.90 ▼715.80
那斯達克	17,322.99 ▼481.01
S&P 500	5,580.94 ▼112.37
費城半導體	4,284.91 ▼130.34

17,322.99　▼481.01(2.70%)

開盤　　　最高　　　最低　　　昨收
17,722.09　17,763.28　17,283.06　17,804.00

17,900.00
17,804.00
17,666.67
17,433.33
17,322.99
17,200.00

10　12　14　16

數開盤即跌破 21,000 點。

看到這樣的跌勢，絕大多數投資人第一個反應是恐慌，甚至會追高殺低，就算是在市場很久的投資人也難逃人性所困。以下分享我和一位資深粉絲的對話，大意是碰上市場大跌，他跟我分享說「來去一場空」，我進一步好奇原因得出下頁的對話。

從對話的內容中，大家有發現嗎？**應該是要低點多買，而不是後悔高點沒賣**，也固然加碼這件事需要夠沒人性，所以我認為交給機制是個好方法。

「跌幅自動加碼」設定，克服停扣的人性考驗

在前面定期定額的內容中，有提到可利用基金平台設定自動加碼的功能。針對主動基金投資人，**目前市面上三大基金平台都有自動加碼機制**，分別是鉅亨買基金—超底王、基富通—低檔智動投以及中租基金平台—靈活扣，都是透過機制要幫投資人克服人性，提高留在市場累積資產的機會跟勝率。

CHAPTER 4

投資配置加入科技基金，本金翻倍、獲利有感！

> 怎麼會來去一場空

> 你扣款時間應該很長啊

高點沒賣

> 只要時間夠長紀律投資標的正確

> 都是只會有更高點

> 沒啥好後悔 因為沒有真的高點啊

> 應該是要低點多買而不是後悔高點沒賣

確實如此，我常常低點嚇到停扣，高點又猛追

心理素質不夠強

● **設定條件彈性，適合有經驗的投資人**

　　鉅亨買基金的超底王是最早推出的相關機制，超底王最大的特色是彈性非常高，將加碼條件的自主權完全交給投資人。先提醒各位，想使用超底王機制需要成立一筆新契約，也就是說原本已經在定期定額扣款的基金，不能直接轉為超底王。

　　而超底王每一天都能設定為定期定額扣款日期，且沒有扣款日數限制；加碼幅度跌幅從 2% ～ 99% 的設定都可以，加碼金額亦沒有限制、觸發次數也沒有上限。觸發條件是每日系統自動比對最新淨值，與過去第十個基金營業日淨值，當淨值下跌、觸發所設定的跌幅（%），當日就會自動執行「單筆加碼扣款」。

　　關鍵來了！因為彈性非常大，如果是較沒有經驗的投資人，條件沒有設定完備，再遇上 2025 年第一季的技術性修正市場，就很容易一直觸發，導致銀彈不足。

● **取消自動加碼機制後，需要重新設定定期定額**

　　超底王的本質是「定期定額」加上「自動逢低加碼」，但如果投資人發現觸及頻率太高，或是不適合自己，「觸發加碼扣款」的功能無法單獨暫停或取消，如果取消，就會連

CHAPTER 4
投資配置加入科技基金，本金翻倍、獲利有感！

同原本的定期定額一起取消。也因此，單純想取消超底王（觸發自動加碼設定）、但想要保持定期定額，就是先「取消超底王」，然後重新設定一筆新的定期定額契約。

至於常被問到的就是，若觸及太頻繁導致持續加碼扣款失敗會怎麼樣嗎？小姐姐請大家放心，並不會怎麼樣呦！這並不會影響金融市場的信用評分，我認為反倒是可以讓自己檢討是否要調整觸及條件的好提醒。

在我看來，**鉅亨超底王適合較有經驗的基金投資人，透過適合自己風險屬性跟口袋深度來設定條件，的確能大大提高獲利的勝率。**

● 4 種跌幅加碼設計，適合想靈活加碼的新手

我們再來看看基富通的低檔智動投。跟鉅亨買基金的大幅彈性相比，智動投扣款幅度跌幅內建可設定為 −3%、−5%、−10% 或 −15%，四種幅度供選擇，適合想嘗試低點加碼的新手，而定期定額扣款設定一樣是 1～31 號、每天都可以選。

不同於鉅亨買基金的超底王觸發條件日是跟十天前淨值相比，基富通智動投的觸發條件，是「最新淨值較過去第二十個基金淨值日之淨值跌幅達 10%」。另一個不同點是，**基富通的低檔智動投不一定需要新增契約，可以選擇新增一**

設定跌幅 10% 和 15% 時，分別加碼扣款

〔科技股票〕**安聯台灣科技基金** （資料日期：截至 2025/2/27）

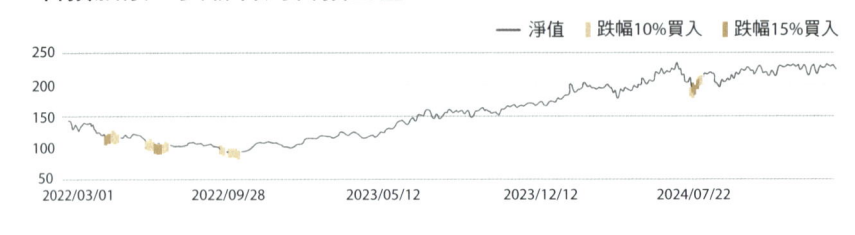

— 淨值　　跌幅10%買入　　跌幅15%買入

觸發 條件	扣款 金額	扣款 次數	買進 均價	總報 酬率	本利和 總計
定期定額	3000	36	$137.82	▲ 60.00%	172,802
跌幅 10%	8000	29	$110.12	▲ 100.25%	464,578
跌幅 15%	10000	16	$115.01	▲ 91.37%	306,766

➡ 觸發設定跌幅，整體來看在逢低加碼的報酬率高於定期定額。

筆，但也可以在現有之定期定額契約中；比較特別的是，低檔智動投可以設定兩組加碼條件，如果同時觸發，則會以跌幅最深為優先，分享官網回測數據給大家參考。

● **基金平台的「觸發跌幅扣款設定」比較**

「基富通-低檔智動投」跟「鉅亨超底王」皆是透過每

CHAPTER 4
投資配置加入科技基金，本金翻倍、獲利有感！

日對比機制觀察觸發條件，增加觸發扣款之機率，更能有效地於下跌時及時加碼；差別是一個跟十天前、一個則是跟二十天前的淨值比較。至於觸發次數，智動投有預設上檔限制，預設每月觸發扣款次數上限為四次，但投資人可彈性調整為一至十次，如當月觸發扣款次數超過投資人設定的上限次數，系統不會進行觸發扣款。

我認為，低檔智動投適合新手基金投資人，想低檔加碼又不太確定是不適合自己，這機制是很好的練兵場。

● **不用盯盤，跌破半年線就自動加碼**

不讓前面介紹的兩個平台專美於前，中租基金平台也在2025年第一季推出「靈活扣」，顧名思義就是無比靈活，一般常見的單筆加碼機制，不外乎透過淨值跟帳面報酬率這兩個指標比對，但靈活扣則加入了技術指標常用的「均線」概念，是基金界首發左右開攻的定期定額交易機制！

說得簡單點，就是在採用定期不定額扣款時（我們講跟自己帳面上報酬率相比），可以用均線扣或是均價扣，投資人只需設定基金淨值低於120日均線（相當於技術分析的半年線），讓系統自動監測，一旦淨值跌破均線，就會觸發加碼扣款，無需盯盤就能輕鬆執行「低買」策略，是真正的

懶人投資工具。

用技術分析設定自動加碼真的很不錯，中租表示開發靈活扣的想法，是「均線扣功能實際上是將專業投資人使用的技術分析工具平民化，**讓散戶投資人也能享受到系統化投資的好處**」，單筆加碼則是一口氣含納了左側跟右側交易，也就是不只抄底、還能追漲。

比較特別的是，中租設定觸發上限不是用次數，而是直接設定金額，也就是說投資人到底有多少錢可以加碼，自己最清楚，在設定時也就要把條件都加進來。

透過機制加碼的好處，就在於更便於打造長期的微笑曲線。**除了傳統「每隔一定時間申購，扣款金額固定」定期定額投資方法，透過機制克服人性做到定期不定額、單筆加碼及停利轉申購進階功能**，幫助投資人更輕鬆打造長期投資微笑曲線。

市場恐慌大跌，就是投資贏家的佈局時間

若想做波段的大幅加碼，建議投資人也一定要關注「VIX 指數」（恐慌指數），這個指標反映 S&P 500 指數

期貨的波動程度，測量未來 30 天市場預期的波動程度，通常用來評估未來風險。

● 恐慌指數上升的 4 種情況

VIX 指數上升，**通常是代表市場預期未來將出現劇烈波動**，這種情況多半出現在市場面臨重大不確定性或利空消息時，例如：

（1）**利率政策變化超出預期**：聯準會（Fed）公布的政策與市場預期不符，例如原本預期會大幅降息，但實際僅小幅調整，會造成市場情緒波動，進而推高 VIX。

（2）**通膨或經濟數據惡化**：若公布的經濟數據（CPI、PCE）顯示通膨高於預期、失業率上升或經濟成長下滑，都會引發市場對未來的不安情緒，導致避險需求上升。

（3）**地緣政治風險升高**：地緣風險升溫，像是烏俄戰事、中東衝突等不確定性事件，也會增加市場的不安感，VIX 指數也會做出反應。

（4）**市場避險情緒升溫**：當投資人擔憂資產價格下跌，開始大量買入選擇權避險時，會直接造成選擇權價格上漲，間接拉高 VIX 指數。

簡而言之，**VIX 會在市場對「未來不確定性」敏感時上**

投資人情緒恐慌的重大事件

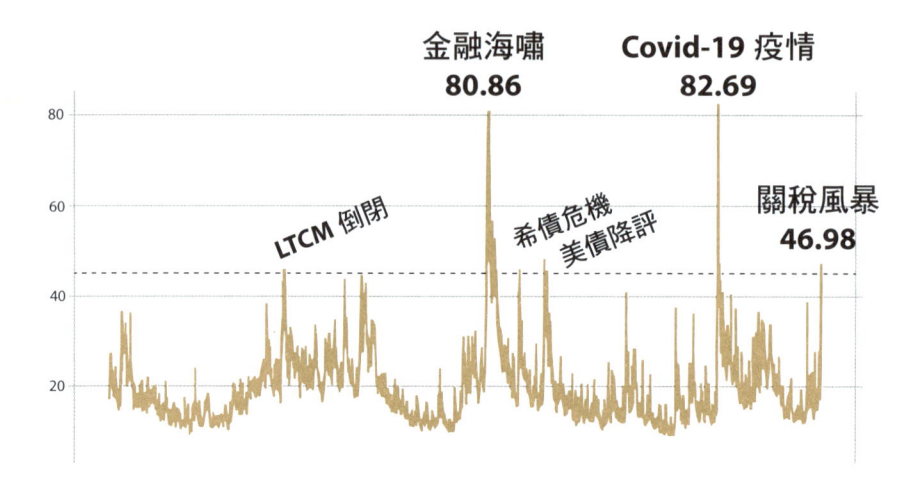

金融海嘯 80.86
Covid-19 疫情 82.69
LTCM 倒閉
希債危機 美債降評
關稅風暴 46.98

*資料來源：商益

➡ 過往的幾個影響市場的大事件，包含金融海嘯、希臘債務危機、Covid-19 疫情等等，以及 2025 年 4 月的關稅風暴。

升，反映投資人對風險的憂慮與避險操作的增加。而這一次的 VIX 飆高，問題就是「不確定性」，川普反覆無常的政策跟言論，還有出乎市場意外的對等關稅幅度，都讓市場恐慌情緒蔓延。

通常當 VIX 指數超過 40 時，表示市場對未來出現非理性恐慌，根據統計，這時候進場的勝率高！指數低於 15 時，

CHAPTER 4
投資配置加入科技基金,本金翻倍、獲利有感!

S&P500 指數遇到市場震盪,次次都回溫

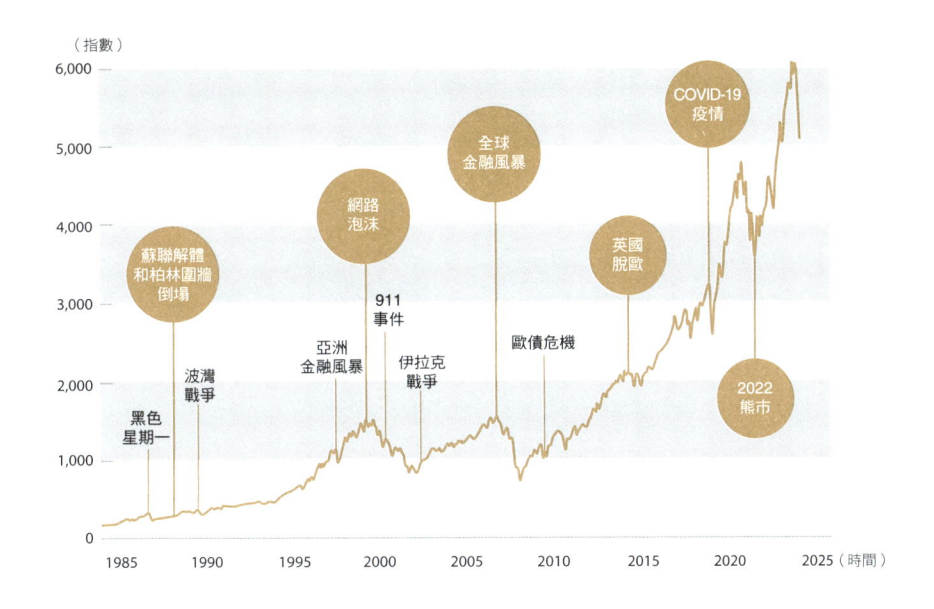

（指數）

- 黑色星期一
- 蘇聯解體和柏林圍牆倒塌
- 波灣戰爭
- 亞洲金融風暴
- 網路泡沫
- 911事件
- 伊拉克戰爭
- 全球金融風暴
- 歐債危機
- 英國脫歐
- COVID-19疫情
- 2022熊市

1985　1990　1995　2000　2005　2010　2015　2020　2025（時間）

則出現非理性繁榮的預期,可能會伴隨著賣壓殺盤。以過往的經驗來看,VIX 指數收在 40 點以上,機率只有 2.3%,自 1990 年以來,VIX 來到類似水位的時間點,分別落在 2008 年全球金融海嘯和 2020 年 COVID-19 疫情最嚴重的時候;在 2025 年 4 月 7 日恐慌指數盤中一度暴漲至 60.13 點、突破 60 點整數關卡,並創下了 2024 年 8 月 5 日以來盤中新高,終場收

139

克服恐慌後，獲利勝率 100%！
——VIX 指數區間的美股表現

	出現機率	平均表現	標普 500			
			6 個月後	一年後	兩年後	三年後
VIX30 以上	5.43%	漲幅	12.1%	20.4%	20.4%	40.5%
		勝率	83.4%	88.3%	88.3%	92.7%
VIX 介於 40~50	1.49%	漲幅	14.2%	28.9%	28.9%	48.6%
		勝率	80%	95.4%	99.4%	100%
VIX50 以上	0.72%	漲幅	2.9%	24.1%	37.9%	41.3%
		勝率	56.1%	98.2%	100%	100%

在 46.98 點，還是在代表非理性恐慌的 40 以上高位。

雖然在市場很恐慌的時候要冷靜不容易，但若拿出巴菲特的名言「別人恐懼我貪婪」，我們就過往 30 年的歷史數據回測，當 VIX 指數出現 40～50 以上進場的平均報酬與勝率遠超過 30～40%；最少半年的勝率也有八成，若長抱至三年後，勝率幾乎是百分之百。

加碼，不是「逢低就多扣錢」而已

以下再分享另一段我和遠方朋友們討論關於空頭和多頭時加碼的對話。

> 請問小姐姐，在大多頭和空頭來臨時，應該要分別設多少呢？

> 你覺得呢？想聽聽你的想法。

> 假設原本每個月定期定額 3 次（3000*3），如果增加了機智投，大多頭時，改定期定額 1 次，機智投設每月 20 日淨值下跌 3 或 5% 加碼 2 次（4000 和 5000）；相反的空頭時，訂定額就每月 2 次，每月下跌 3 或 5% 加碼 1 次（4000 或 5000）。這樣報酬率會不會比較大？

> 不會，白忙一場～哈哈哈哈哈

如果你還不太知道如何設定跌幅觸發加碼條件，那麼我建議一個簡單的「加倍原則」。我認為加碼金額一定要倍數才有意義，例如，若是以本來定期定額月扣 3,000，在空頭跟多頭時，我會這樣設定條件：

空頭設定跌幅	加碼金額（元）	多頭設定跌幅	加碼金額（元）
10%	9,000	10%	12,000
15%	12,000	15%	15,000
20%	15,000	20%	20,000

● **空頭加碼要注意銀彈，多頭加碼要抓準時機**

空頭跟多頭設定條件不同的原因在於，<u>空頭觸發條件更容易到達，資金分配要更謹慎，而設定的跌幅條件會更容易抵達，幅度一定要大於 10%</u>，雖然 –3% 跟 –5% 比較容易觸發，不過在空頭時不只意義不大，還容易讓子彈（資金）打完，因此建議至少 10% 起跳。在空頭除了要定期定額持續累積單位數外，最重要的是希望觸發條件到達時，戶頭都還有錢可以扣。

而在多頭的牛市，基本上不容易觸發（跌幅加碼）條件，但漲多就是最大的利空，牛市中也會見到慣性的在 3 月跟

11月都會有顯著修正，**但牛市修正的特性就是來的快去得也快，因此我會將加碼金額提高。**還有一個小小祕訣是，熊市期間 –15% 觸發的扣款金額 12,000，放在牛市我會改設定 –10% 就觸發，也就是抓緊波段區間財。

● **把停利入袋當成自我獎勵**

另一個和「加碼時機和金額」同樣常見的問題，是「在牛市要停利嗎？」。我建議初入市場的投資人需要設停利點，原因是避免紙上富貴，**有獲利入袋的真實感能持續堅定扣款的力量跟信心，謹記永遠是停利不停扣。**停利後的好處是還能提高扣款金額，持續讓資產長大。

一般投資人無法停利的三個常見迷思：（1）可以接受少賠，卻無法接受少賺；（2）可以接受帳面虧損，無法接受實現虧損；（3）總是期待賣到最高點，曾有很好的報酬率但卻不賣，賺錢常常不贖回，卻一遇到低點就趕緊賣出──這就是人性。

因此，加碼時一定要拋棄人性，跌幅越深、扣款金額要越高。前面是以一個月定期定額扣款 3,000 為例，若是平日定期定額扣款為 5,000，那就設定 –10% 加碼 1 萬，–15% 加碼金額 1 萬 5 千，–20% 時加碼拉高到 2 萬。別忘了，交給機制

加碼的關鍵,就是利用完全自動化的操作,盡可能避開人性的考驗。透過「額外增加觸發條件」來扣款,更能有效在下跌時及時加碼投入,目的是拉高投資績效,創造更高勝率。

小姐姐要反覆提醒,每個人的投資狀態都不同,還是要依據自己資金狀況,滾動式調整扣款次數跟金額,以符合自己的資金條件,並且別光說不做,先開始了之後,才知道自己的風險承受度。

用 10 年後的角度看當下的市場波動

投資最忌諱在情緒影響下做決定,無論是恐慌或 FOMO 心態,都可能讓人做出錯誤決定;希望大家有點耐心,才是累積財富的關鍵。

對散戶投資人來說,從長期視角去看待市場,才是真正積沙成塔的關鍵;不需去預測明天市場會不會繼續跌?會跌到什麼時候?**整天想要買在最低點,說真的,連股神巴菲特都辦不到**。但我確信一件事:真正的長期投資者,不要試圖替股市算命,而是要學會完整參與市場,跟著市場一起成長。

碰到股災發生,毋須恐慌,就是堅持定期定額、長期投

CHAPTER 4
投資配置加入科技基金,本金翻倍、獲利有感!

現在看到的波動,十年後根本看不見

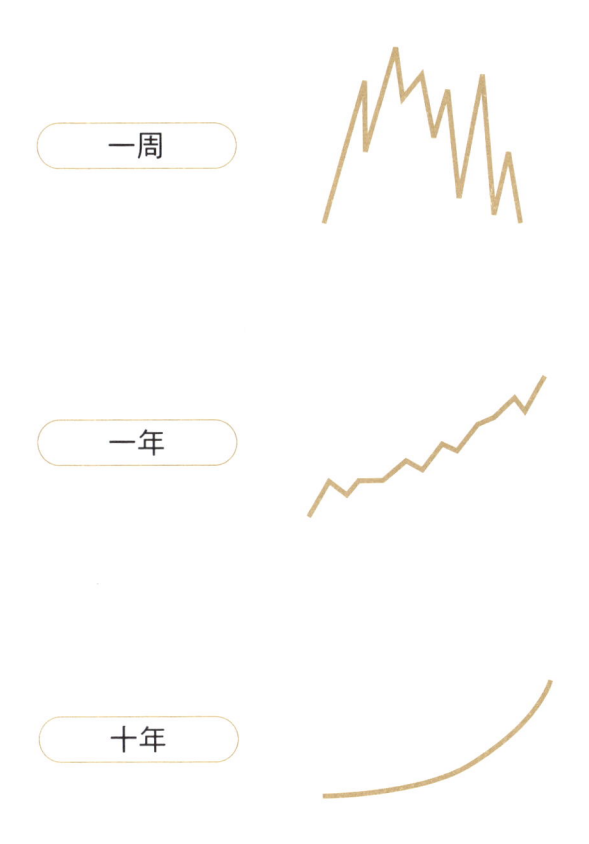

一周

一年

十年

➡ 現在看起來短期的波動,拉長到一年、十年後來看,根本看不出來。

入，才是真正能走出微笑曲線的方式；除了透過上述提到的機制加碼之外，也能採取前面提到的定期不定額的買法，就是持續投入，遇到價格便宜且有閒錢時多投入一點，更何況現在台股零股交易已經很普及。

我相信碰上股災的時候，消費會有點縮手，過往吃一頓大餐要花 5,000，買件羊毛大衣要 1 萬，但如果把這些消費投入市場換成投資，也許在未來可以讓你多吃好幾頓大餐，不只買羊毛大衣，想替家裡換個好一點的家電或許也都不是問題。一定要理解市場有起有落，但如何在市場存活並持續留在場上，才能走得長遠。

CHAPTER 4
投資配置加入科技基金，本金翻倍、獲利有感！

近十年的台股基金績效，是台股 ETF 的 1.6 倍

如果可以的話，當然希望大家可以用具備有超額報酬力的台股基金長抱十年，下表是目前市面上規模前十大、且成立滿十年的台股 ETF 和台股基金各取平均值做比較，觀察每個月底定期定額投入且每次配息再投資的回測結果。

從下圖可以看到，台股基金在近年來各天期的回測績效，都勝過台股ETF，而且若將定期定額的時間拉長至10年，台股基金以 212% 的績效，更遠遠超過台股 ETF 的 132%。

【近年來每月定期定額績效比較】

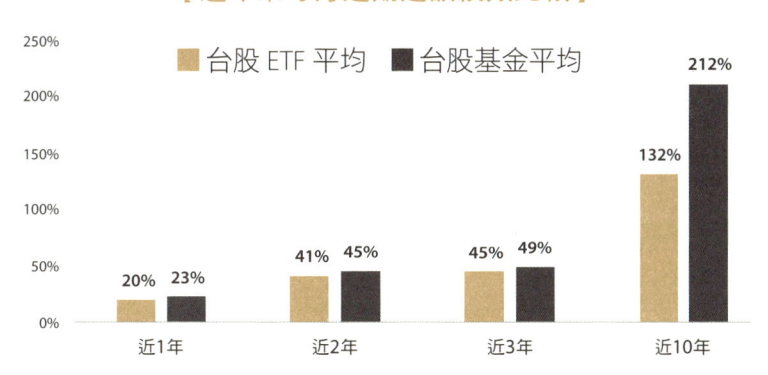

期間	台股 ETF 平均	台股基金平均
近1年	20%	23%
近2年	41%	45%
近3年	45%	49%
近10年	132%	212%

*資料來源：鉅亨買基金

比起賺多，更要思考如何賠少

變動太劇烈時，比起 ALL-IN 抄底、不如保守避險

下頁這兩張加權指數跟個股幾乎全面跌停跟幾乎全面漲停的狀況，是在四個交易日內發生，發生速度之快，足以寫進教科書等級。時間回推到 2025 年 4 月 2 號，在川普宣布不合理的對等關稅之後，美股連續兩日暴跌近 4000 點，市值蒸發 6 兆美元，台灣適逢連假日，因此在週一開盤的交易日直接補跌，尤其大家可以看到 ETF 要跌停跟漲停都是極罕見的，以 0050 來說，就是 50 檔成分股得全部跌停跟漲停。

CHAPTER 4

投資配置加入科技基金,本金翻倍、獲利有感!

【全面跌停】

商品	成交	漲跌	幅度
加權指	19246.06	2052.16	9.64%
台積電	848.00	94.00	9.98%
元大台灣 50	158.40	17.60	10.00%
富邦台 50	93.34	10.35	9.98%
鴻海	138.50	15.00	9.77%
聯發科	1295.00	140.00	9.79%

【全面漲停】

商品	成交	漲跌	幅度
加權指	18986.27	1594.51	9.17%
台積電	863.00	78.00	9.94%
元大台灣 50	160.80	14.60	9.99%
富邦台 50	94.45	8.55	9.95%
鴻海	123.50	11.00	9.78%
聯發科	1300.00	115.00	9.70%
國泰永續高股息	19.58	1.78	10.00%

而這個川式海嘯在對等關稅生效的 2025 年 4 月 9 號忽然政策髮夾彎，激勵美股四大指數全面暴漲，台指期夜盤漲停，也讓隔天 4 月 10 日的台股上演幾乎全面亮燈漲停鎖死的狀況，三天跌掉了 4000 點，第四天又漲 1608 點，也因此大家笑稱川式海嘯造成了股市一天，人間十年。

　　我個人的總帳面損失在這四個交易日內，從 − 10% 到 − 20%。雖然比起很多大戶，受傷幅度不算嚴重，但對我而言，跟 2018 年還有 2020 年的反應不同，第一時間並不是加碼搶反彈，我想到的是生活費跟孩子，不知道身為爸媽的人有沒有跟我一樣的感覺？**當恐慌情緒蔓延時，擔心的不是只有資產，而是對未來的危機跟不安全感**。我第一時間再次確認了生活預備金是否足夠支撐不只半年，而是長達一年。

不停損、把資金布局債券先避險

　　我的核心部位，也就是主動基金（包含定期定額跟母子基金）扣款的部分就是累積資產，是不會動的，加碼也是透過前面提到的平台機制、自動加碼，帳戶還有錢就觸發，並沒有刻意放錢過去；衛星部位是 ETF 波段，這是我主要的

獲利來源，都是市值 ETF，**儘管台美部位加起來跌幅約三成，因為還在承受範圍，所以並沒有停損**，但我也不是去搶低點，而是維持定期不定額。

主因是在跌幅那麼深的狀態之下，我抱持著原有部位總會回來的心態，**比起能否搶到反彈、ALL-IN 在最低點，我優先考慮的是面對如此不確定的未知，必須賠得少**，應該主動再做資產配置，因此增加了債券的部位跟配置，將 20% 的資金放在債券。

比起搶反彈，更要預先配置有避險能力的債券

另外核心部位受傷少還有個原因是，我有將獲利 50% 的科技基金部位停利，轉去黃金基金，這也確實起到了很好的避險作用。黃金是優秀的避險資產這件事，我在 2025 年初也已經提醒過遠方的朋友們，雖然比例不多，但至少減少了獲利回吐的幅度，畢竟這一波下殺等於是把過去兩年牛市的漲幅都吞噬；而我的心態不同於 2020 年跟 2022 年積極搶反彈，主要是資產部位增加，帳面數字蒸發加劇，讓我反思

美國公債小教室：為什麼選擇布局中天期公債

比起對利率太敏感、造成波動較大的長天期公債，我選擇布局 7～10 年的中天期債券。那為什麼不選擇短天期公債？因為短債較適合在長期高通膨的環境下持有，以賺取近乎無風險的收益；而目前通膨有顯著降溫，加上因為川普關稅政策讓通膨上行風險升溫，美國聯準會降息幅度與腳步預計會放緩，因此較能因應利率風險的中天期債券是我目前布局債市的首選，由下圖也能看出，過去 30 年中天期的公債經年化的風險調整後，報酬率為 1.3%，相對優於長天期公債的 0.5%，所以我選擇中天期債作為保護部位。

	中天期美國公債	長天期美國公債
	1.3	0.5
近 30 年年化報酬率	3.9%	5.4%
波動度	3%	11%

* 資料時間：1994／12／31-2024／12／31。資料來源：晨星、聯博
註：依彭博美國中天期公債指數定義，該指數包含到期日介於 1~10 年間的美國公債；依彭博美國長天期公債指數定義，該指數包含到期日 10 年以上的美國公債。

CHAPTER 4
投資配置加入科技基金，本金翻倍、獲利有感！

更應該先確保投資組合的體質健康。

● 資產達到百萬以上，一定要分配部位給債券

說真的，儘管我深知債券投資的重要性，但這平凡無奇具有保護力的資產，往往是在狂風暴雨來臨時才體會到原來這就是有避風港的感覺。我會建議，**資產累積數字到七位數以上之後，得要記得配置債券，並且符合自己的風險屬性**；如果你跟我一樣屬於很積極的風險屬性，那就採用八比二的股債比，如果你偏保守，那就採用六比四甚至五比五的股債比，相信會成為你度過股災的定心丸。

選擇債券時，請記得公債優於投資級債，投資級債又優於非投資等級債（過往稱高收益債）；主因是非投資等級債跟股票呈現正相關，也就是碰上股災時，跟股票同漲同跌。

● 債券配置後，有資金再分批逢低買進股票

我的買法是一次買足，在熊市初期，認為債券會因為在避險需求下持續上漲，以及當前十年公債殖利率還在 3.75～4.5% 的高位區間，也就是價格相對便宜，所以加碼股票之前是選擇先配置好足夠的比例，事後回頭看也真的幸運，買在相對甜的價位，補完了債券配置。若還有資金，就可以根

據定期不定額的金字塔原則，分批逢低買進超跌的股票型資產（市值 ETF 權值股、台股基金等）。

在投資時，無論標的是什麼，都要做好長中短期與不同資產配置，並有最壞打算。分享成功投資家李嘉誠的名言：「我在作決策時，往往花 90％ 時間考慮失敗。」**也就是說先控制好風險，比抄底的潛在報酬率更重要**，唯有能力承擔風險，才有實力求獲利。

面對股災時，能留在市場的才是最後贏家

再次提醒大家，面對市場劇烈震盪，熊市來臨時，要謹記以下兩原則：

一、**檢視自己或家庭的可動用資金餘額**。千萬別做任何槓桿行為（包含信貸、融資、質押和理財型房貸），進行資金檢視，保留必要的生活資金及準備金後；隨後無論漲跌為何，維持紀律買進。

二、**留在市場，會比暫時離開市場穩健**。市場的反彈是會讓人措手不及的，歐洲股神科斯托蘭尼說過：「下跌時，沒有小麥的人，上漲時，也不會有小麥。」千萬不要恐慌殺

低之後看到反彈又追高,追高買回只是增加認錯的風險而已。

• • •

　　如果在熊市才要入場,資金積累初期最好的方式就是從市值型 ETF 開始,根據資金跟市場熟悉度,先從台股 ETF 做起,循序漸進、之後再擴及到美股,接下來的內容會有不同階段的投資比例建議,選擇共同基金就穩健度而言,是大幅勝過個股,雖然穩健未必能夠帶來最佳報酬率,但穩健卻可走更遠的路,讓我們能持續留在市場上。

現在的月薪，可以投資哪些標的？

　　再來一個大哉問：不同月薪該怎麼分配投資金額和內容？該買主動基金還是 ETF 呢？這個也是萬年題，因為 ETF 的興起，對我而言共同基金的本質都是一樣的，可以做到分散風險買一籃子股票，適合各個薪資族群。若是對主動基金不熟悉，也還沒開基金戶的人，我都會說那從市值型或是科技 ETF 開始吧！

CHAPTER 4

投資配置加入科技基金，本金翻倍、獲利有感！

一個月只有 3,000，怎麼分配投資類型？

台灣金融市場在 2025 年有個新商品叫做「主動式 ETF」，結合了由專業經理人操盤選股的主動投資優勢跟 ETF 下單交易的便利性，我形容這就是像一台油電混合車，有電車的優勢，但價格比純電動車便宜，需要燃料時不用急著找充電站，而是隨處有的加油站，這就像 ETF 交易的便利性。**關鍵在於這樣的主動式 ETF 因為有經理人主動操盤，比起被動的追蹤指數，績效上有機會創造更好的「超額報酬」**，不過對台灣市場來說是全新的商品，後續得再觀察。

目前我可以比較肯定的一個利基點是，在 2025 年 4 月初川普開啟的關稅戰，將全球股市過去三年的漲幅幾乎打回原形，美股四大指數跌入熊市，台股在 4 月 7 日開盤即無量跌停，失守兩萬點重要關卡，等於市場悲觀情緒蔓延，在這個市場從高點回落的時機點發行的商品，後續上漲的機會是比較大的，也較能避免發生 2024 下半年發行的所有 ETF 都是破發的狀態；因為在低點發行，經理人建倉的成本反而更有成長的機會，而投資人在這個時機點參與，也就有機會讓資產成長。

主動跟被動不是非黑即白的選擇題，是能夠靈活共存、互補風險的資產配置工具，現在有這種結合的商品，對投資

人都是好事。**至於比起月薪多少，我認為大家更該思考的是：現在有多少錢可以投入市場。**以下是一個真實的狀況，一位 39 歲的爸爸要養家跟兩個小孩，一個月只能投入 3,000 元在投資上，這位二寶爸來訊詢問：

> 想投資市值型（國泰台灣領袖 50ETF〔00922〕或群益台 ESG 低碳 50〔00923〕）、高股息型（凱基優選高股息 30〔00915〕或大華優利高填息 30〔00918〕）、金融股（遠東銀〔2845〕），如果每個月總額只有 3,000 元，應該無法同時擁有，感覺每一檔都會養不大，反而反效果，希望小姐姐能給我一些建議，讓我可以有好的開始，謝謝。

我給他的回答是這樣的：

> 我是主動科技基金熱愛者，當然會希望你買主動基金。如果可以，想先請你開基金帳戶，而在 ETF 上的調整，我認為「國泰台灣領袖 50ETF（00922）＋統一 FANG＋（00757）」和「國泰費城半導體(00830)＋

CHAPTER 4
投資配置加入科技基金，本金翻倍、獲利有感！

國泰台灣科技龍頭 ETF 基金（00881）」這樣兩組，各扣 3,000，也就是想辦法一個月擠出 6,000 元來做定期定額，當有了至少 100 萬後再來布局高股息 ETF，以上是我的建議。

後來我收到了二寶爸的回覆──

> 好的
> 這幾天謝謝小姐姐璇依給我那麼多建議跟解答。
> 也讓我了解從沒想過的美股科技型 ETF 搭配組合方式，
> 白天晚上都有被動收入。

● 除了金額，也要考量習慣的商品和交易方式

這位投資朋友一個月有 6,000 元可以投入市場，他習慣的交易商品跟方式是 ETF 跟券商，所以我建議是先砍掉高股息，從台美市值型雙引擎核心建倉。他在意商品價格，一張要 10 萬以上的 0050（分割前）或是 006208 要許久才存到一張，途中會容易喪志，所以鎖定價格較低、但內容物相似的第二代或第三代市值型 ETF 我覺得較適合，因此給予了上述建議。

循著這個邏輯，大家也可以思考一下自己習慣的交易平台方式還有風險屬性，接著再進一步分析主動基金跟 ETF 跟投資人之間連結的差異。首先，ETF 可以隨時進出，價格在盤中會即時波動；主動基金一天只有一個淨值，且申購跟贖回都需要時間；另外，買主動基金之前一定要做風險評估，光是這件事就是個很好的把關，可以篩選出適合自己風險屬性的產品。結論：

・**主動基金**：適合想長期累積資產，追求超額報酬；對費用較不敏感，且喜歡有專人服務的投資人。

・**ETF**：適合願意花時間自己研究，也有足夠財商知識能判斷商品，以及熟知自己的風險承受度，追求流動性高跟自主性的投資人。

月薪 3～5 萬的投資配比和標的建議

　　接下來以不同條件來區分，該怎麼投入跟選擇標的。先以年紀來區分，最直觀的「100－此刻歲數」是我認為適用所有人的方法，若是 30 歲，就是 100－30＝70，此刻歲數（30%）指建議配置在防禦的部位，例如債券或是現金（定存），年輕還輕、還有本錢可以承擔風險，因此資金的七成投入風險資產（股票）；反之隨著年紀漸長，到了 50 歲的壯年期，則可以把股跟債的比例調整成一半一半；退休之後的 70 歲，投入風險資產的比重降到三成、七成放在保守且具固定收益的資產是比較適宜的。

　　但我必須要說，回歸個人風險屬性還是最重要的，我遇過 30 多歲卻無法承受科技股波動，那麼平衡型基金就比較適合他。關於平衡基金我們稍後會再介紹，至於標的選擇，以每個月定期定額可投入金額來分配的話，我的建議如下。

建議 1

| 月薪和每個月投入金額： | 月薪約 28,000 元
每月投入 3,000 ～ 6,000 元 |

【建議配置選擇和原因】

- 〈科技 ETF〉統一 FANG+（00757）、國泰費城半導體（00830）、富邦 NASDAQ（00662）
- 〈市值型 ETF〉富邦台 50（006208）、國泰台灣領袖 50 ETF 基金（00922）、群益台 ESG 低碳 50（00923）
- 可擇一類型單壓，也可以任選兩檔各扣 3,000，或選一檔台股基金（扣 3,000）搭配上述科技 ETF。

★ 可投入資金有限，重點在加速累積資產。

建議 2

| 月薪和每個月投入金額： | 月薪約 40,000 元
每月投入 8,000 ～ 12,000 元 |

【建議配置選擇和原因】

- 〈美股市值型〉元大 S&P500（00646）、永豐美國 500 大（00858）、復華 S&P500 成長（00924）
- 〈台股市值型 ETF〉富邦台 50（006208）、國泰台灣領袖 50 ETF 基金（00922）、群益台 ESG 低碳 50（00923）

CHAPTER 4
投資配置加入科技基金，本金翻倍、獲利有感！

- 台美股各擇一扣 4,000，共扣款 8,000（總扣款 12,000 就是台美各扣 6,000）

TIPS 1 遇上科技 ETF 單日跌幅 4%，可以單筆加碼。

TIPS 2 市值型 ETF 的加碼策略──跌幾點買幾股（跌 100 點買 100 股、跌 500 點買 500 股）。若資金不足可以少一個 0，跌 100 股買 10 股、跌 500 點 50 股⋯以此類推。

★ 注重美台雙引擎，加速資產成長，以及不要錯過買便宜的機會。

建議 3

月薪和每個月投入金額： 月薪約 50,000 元
每月投入 12,000 ～ 18,000 元

【建議配置選擇和原因】

維持跟上一階段相同的扣款，多出來的 3,000 ～ 6,000 元，可選擇定期定額平衡基金，或是債券 ETF（以公債為主）。萬一碰上大跌崩盤時，債券可以產生避險作用。

★ 這個階段可投入的資金比較多，建議要加入資金配置的概念。

同樣被我視為優秀科技基金的是美股科技 ETF，以下我用指數跟主題分類分為下列四組：

（1）**S&P500 組**：復華 S&P500 成長（00924）、永豐美國 500 大（00858）、元大 S&P500（00646）、SPDR 標普 500 指數 ETF（SPY）、Vanguard 標普 500 指數 ETF（VOO）

（2）**NASDAQ 組**：富邦 NASDAQ（00662）、中國信託 NASDAQ 100（009800）、Invesco 納斯達克 100 指數 ETF（QQQ，追蹤 Nasdaq100 指數）

（3）**費半組**：國泰費城半導體（00830）、費城半導體指數（SOX）

（4）**尖牙組**：統一 FANG+（00757）、國泰北美科技（00770）

接下來一一分析這四組的追蹤指數、成分占比、規模和管理費等內容。

S&P500 組：連動美股代表「標普 500 指數」

【發行時間和規模】

00646 已發行 9 年，歷史最悠久，規模為 214.81 億；00858 為 2019 年成立（規模 13.82 億），復華的 00924 最

CHAPTER 4
投資配置加入科技基金，本金翻倍、獲利有感！

晚，2023 年發行（規模 54.86 億）。

【追蹤指數和費用率】

00924 追蹤的是「標普 500 成長指數」，不是單純的標普 500 指數。00858 追蹤的 stock USA 500 指數，會更快反應市值加權，它在 2018 年就納入 Tesla，但 S&P500 直到 2020 年 12 月才加入。

00924 總費用率是 0.6%，00646 是 0.3%，雖然看似只差 0.3%，但長期投資下來累積的差距是很可觀的。

【持倉 & 產業占比】

00646 和 00858 雖然都是追蹤 S&P500，但也不是完整複製指數，反而小部分持有期貨，包含小 S&P500 指數期貨和 E-min S&P 500 指數，00924 的成分股檔數為 224 檔。

NASDAQ 組：
那斯達克指數非金融類股的前 100 大公司

009800 在 2025 年初上架，跟 00662（境內國外 ETF 規模最大）追蹤指數一模一樣，就像 0050 和 006208 一樣的道理；但從績效面來看，因為發行時間差異太大，目前無法比較。

【總管理費】

00662 是 0.51%，009800 為 0.44%。經理費都是 0.3%，

NASAQ-100 指數過去 10 年的走勢表現

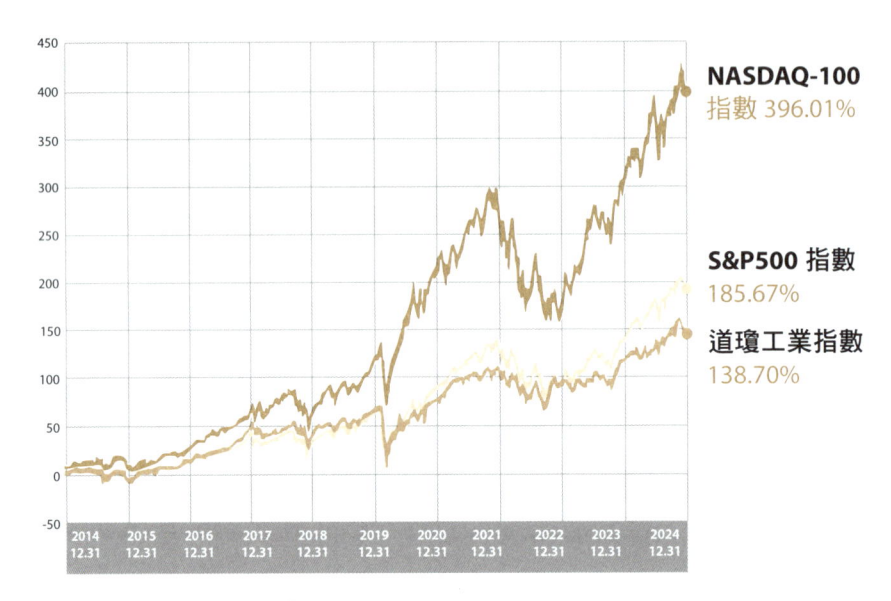

NASDAQ-100 指數 396.01%
S&P500 指數 185.67%
道瓊工業指數 138.70%

* 資料來源：BLOOMBERG。日期：2014.12.31~2024.12.31

其他費用差異在規模大小。

【持倉 & 產業占比】

都是納斯達克 100 指數／檔數 100 檔（那斯達克指數共 3000 檔），也就是將 NASDAQ 指數「非金融類股」中的前 100 大公司組成。

以微軟、Meta 為代表的美國科技巨頭正持續加大對 AI 的投資，不只推升 AI 市場規模，更拉大與其他企業的差距。

CHAPTER 4
投資配置加入科技基金,本金翻倍、獲利有感!

富邦 NASDAQ(00662)自成立後成長快速

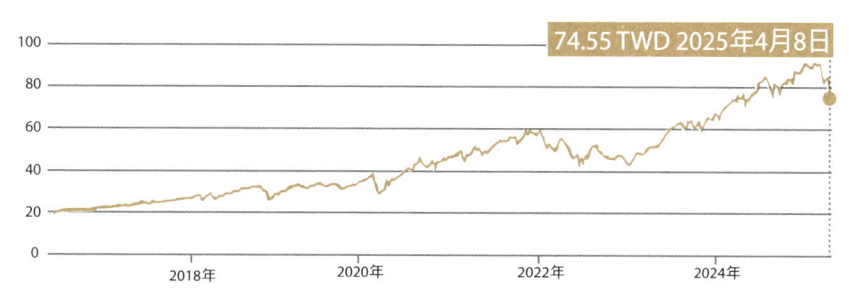

市場概況>Fubon NASDAQ-100 ETF

74.55 TWD
+54.58 (273.31%) ↑

74.55 TWD 2025年4月8日

中國信託 NASDAQ 100(009800)因價格便宜,規模成長快

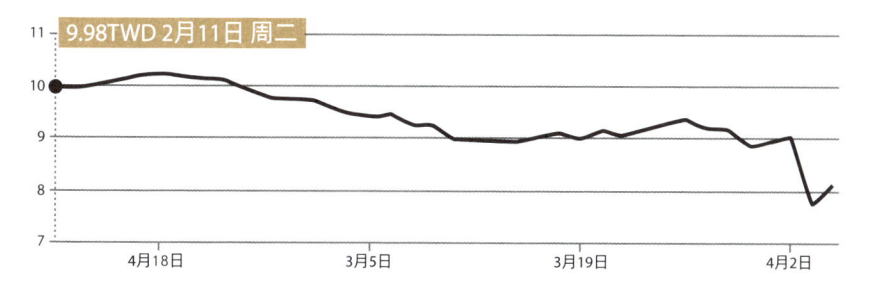

市場概況>CTBC NASDAQ 100 ETF

8.12 TWD
-1.86 (-18.64%) ↓

9.98TWD 2月11日 周二

167

近兩年來,「美股七巨頭」為美股增長的關鍵引擎,漲幅高達 140%,遠超過其他標普 500 企業的 28% 漲幅。

【績效表現】

00662 在 2016 年掛牌的時候才 20 塊,當天還破發,不過很幸運,破發了 1 個月後,從此再也沒有低點。到了 2025 年初,已經是一檔要價 90 塊的 ETF 了;再碰上 2025 四月初的川普關稅震撼彈,價格來到 74.55 元。

再看看中國信託 NASDAQ 100（009800）,因為發行時間剛好在市場高點,也是大部分時間都在破發狀態,但也因為價格便宜,規模成長十分快速。

費半組：境內 ETF 漲幅一度突破 200%

【總管理費】

00830 為 0.2%,真的很低,值得鼓勵,此外還有年配息。

【持倉 & 產業占比】

追蹤 SOX 費城半導體指數,檔數 30 檔,00830 於 2019 年 5 月 3 掛牌上市,發行價格 15 元,2025 年初股價來到 47.6 元,漲幅突破 200%,但波動也相對大 2025 年 4 月川普造成的人造熊市,00830 的價格已失守 30 元。

CHAPTER 4
投資配置加入科技基金，本金翻倍、獲利有感！

國泰費城半導體（00830）的前 10 大成分股和近 5 年配息紀錄

BROADCOM INC	595,067	13.55%
NVIDIA CORPORATION	837,165	11.65%
ADV MICRO DEVICES	562,484	6.81%
MARVELL TECH GROUP	416,219	4.89%
TAIWAN SEMICOND ADS	208,921	4.30%
ASML HLDG NY REG	56,188	4.15%
KLA-TENCOR CORP	59,625	4.06%
LAM RESEARCH CORP	522,190	3.99%
Micron Technology Inc	393,868	3.89%

配息年月	每單位分配金額(元)	當期配息率	收益分配頻率	當期含息報酬率
2024/12	3.96	8.29%	年配	35.81%
2023/12	1.51	4.01%	年配	50.18%
2022/12	0.12	0.48%	年配	-15.62%
2021/12	2.80	8.21%	年配	19.92%
2020/12	0.32	1.2%	年配	54.66%

尖牙組：每年調整成分股四次

【總管理費】

00757 高達 1.2%，但因績效好，有些投資人不在意，00770 為 0.62%。

【持倉 & 產業占比】

00757 成分股只有 10 檔，每年 3、6、9、12 月都會對成分股和權重進行一次調整。00770 調整頻率也是每年四次，會在每年 3、6、9、12 月，依據指數篩選邏輯重新調整，沒有固定檔數。

CHAPTER 4
投資配置加入科技基金,本金翻倍、獲利有感!

統一 FANG+(00757)前十大成分股和內容

個股名稱	投資比例 (%)
NETFLIX INC(網飛公司)	10.59
SERVICENOW INC	10.22
BROADCOM LTD	9.99
MICROSOFT CORP(微軟公司)	9.92
CROWDSTRIKE HOLDINGS INC - A	9.85
NVIDIA CORP(輝達公司)	9.53
META PLATFORMS INC(Meta 平台公司)	9.25
ALPHABET INC-CL A(Alphabet 公司)	8.74
AMAZON.COM INC(亞馬遜公司)	8.74
APPLE INC(蘋果公司)	7.98

國泰北美科技（00770）前十大成分股和內容

個股名稱	投資比例 (%)
Microsoft Corp	9.13
NVIDIA CORPORATION	8.71
Meta 平台公司	8.22
Apple Inc.	7.36
BROADCOM INC	4.86
ALPHABET CL A CMN	4.35
ALPHABET INC-CL C	3.55
SALESFORCE.COM INC	2.18
ORACLE CORP	2.06
Cisco Systems Inc	2.03

以 2022 年熊市狀況，科技股跌幅最深

ETF 總報酬	2023	2022	2021
00646 （S&P500 組）	24.2%	-10.2%	25.7%
00858 （S&P500 組）	24.5%	-11.87%	26.1%
00662 （NASDAQ 組）	52.9%	-26%	25.48%
00757 （尖牙組）	94.2%	-35.1%	15.4%
00830 （費半組）	65.6%	-28.3%	38.2%

➡ 標普 500 指數組跌幅較小，建議給評估自己無法承受太多風險的投資人。

● 從總報酬分析風險和買入建議

　　最後這張圖總報酬率是最重要的，我以最靠近的熊市（2022 年）來看，顯然看到科技股尖牙股類別跌幅最深，影響最少的是標普 500 指數；要提醒各位，儘管我們都知道美股是牛長熊短，牛市總是來的又急又快，波動度會相當劇

烈,而在歷經了 2023 到 2024 兩年的牛市,2025 年理論上是末升段,但從景氣循環來看,也還未見到全面擴張,卻因為川普的新政策,未來有可能讓全球經濟提前進入熊市。

● 如果不能全都要,如何選擇最好?

每一組都有各自的優缺點,適合風險承受度不同的投資人,可以選擇用定期定額方式參與尖牙組的 00757、NASDAQ 組的 00662 和費半組的 00830;如果想要收股息,則可選擇尖牙組的 00770 和費半組的 00830。

要留意的是,科技持股集中,適合資金少、想快速累積資產小資族;資產有一定比例的話,可以從 S&P500 組的 00646 和 00858 開始,比較穩健。如果有稅收考量的話,可集中在 S&P500 組 00858,因為這屬於境外所得,達 750 萬才要課稅。

CHAPTER 4

投資配置加入科技基金，本金翻倍、獲利有感！

CHAPTER 5

一分耕耘、百分收穫的資產長大術

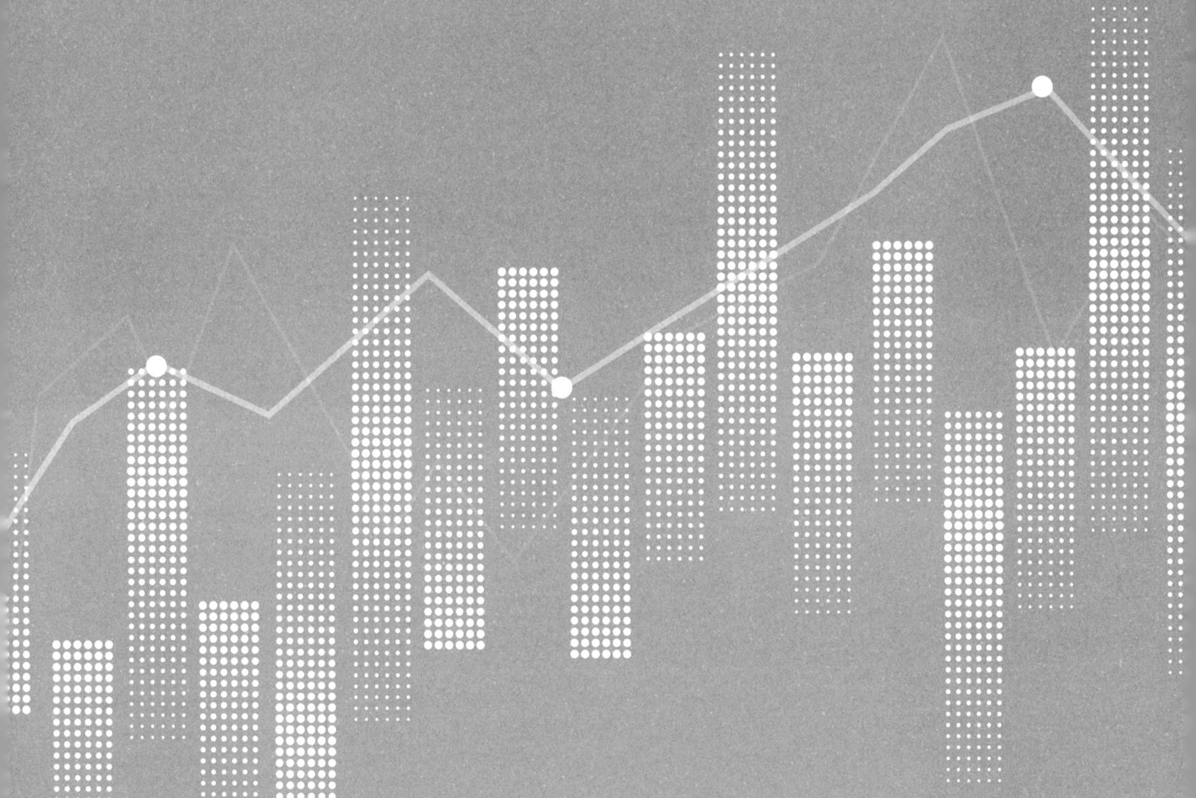

學會股債配置，
是資產翻倍的關鍵

平衡型基金：讓專業的人來配置你的投資股債比例

先分享我個人目前的資產配置狀態，包含股債類型的占比，和投資內容的組別比例。

如果真的不懂該如何做股債配置，我想分享最懶人、也最適合投資小白的就是平衡型基金。我個人會把科技基金停利的部位轉進平衡型繼續當金雞母，利用配息繼續扣款科技基金，達成基金養基金，因為平衡基金股債配置的特性相對穩定抗震，適合長期持有。

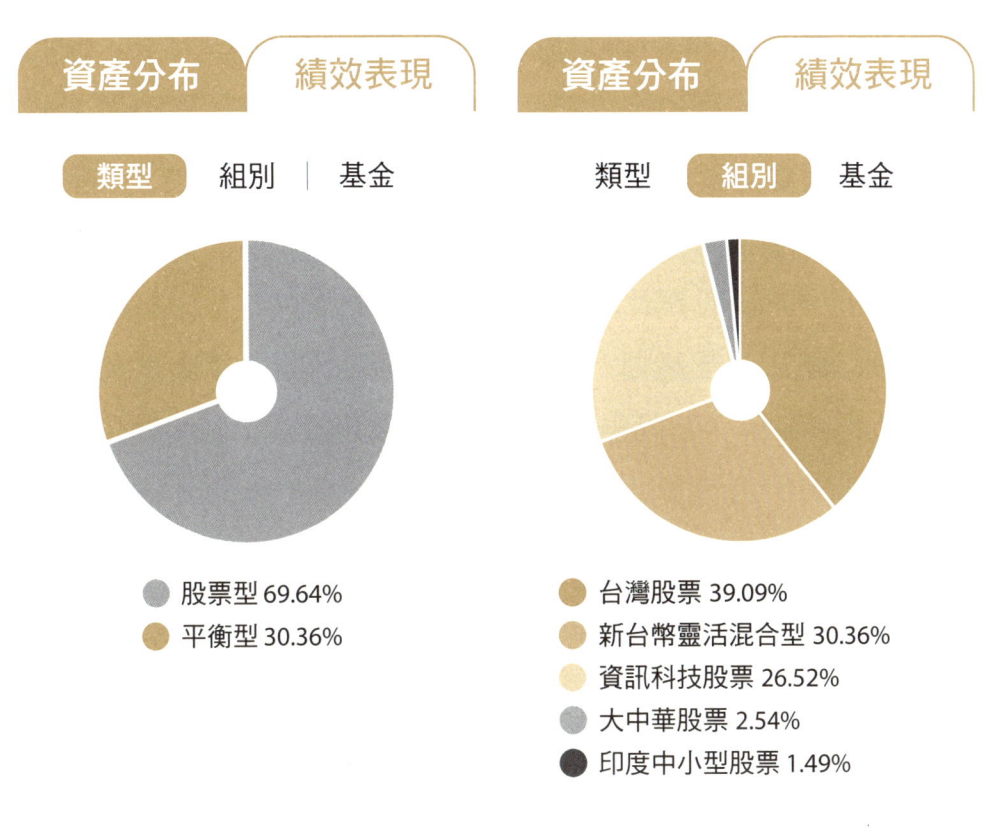

CHAPTER 5
一分耕耘、百分收穫的資產長大術

資產分布	績效表現

類型 ｜ 組別 ｜ 基金

● 股票型 69.64%
● 平衡型 30.36%

資產分布	績效表現

類型 ｜ 組別 ｜ 基金

● 台灣股票 39.09%
● 新台幣靈活混合型 30.36%
● 資訊科技股票 26.52%
● 大中華股票 2.54%
● 印度中小型股票 1.49%

　　大家都喝過拿鐵吧？我發現在連鎖咖啡廳，拿鐵也不只有一個比例，雖然原料都一樣，就是「牛奶加上黑咖啡」，但如果點「重乳拿鐵」就是牛奶比例比較多，或是可以多加一份濃縮，咖啡多一點、牛奶少一點，這個概念就是平衡型基金，把基金經理人想成咖啡師，根據客人需求調配牛奶跟黑咖啡的比例，這概念用在操盤上，就是基金經理人根據市

場大環境變化,彈性調整股票與債券持有比重。

當經理人覺得市場漲多、風險偏高,或對於後續景氣有下滑疑慮時,就會降低股票投資、增加較穩健的債券;反之當基金經理人覺得風險資產在相對低檔,浮現個股價值時,就會拉高股票比重、降低債券比例。另外,比起純粹的股債配置平衡基金,市場上還有個商品叫做多重資產基金,也就是除了買股票跟債券之外,還可投資不動產證券化(Reits)、可轉債、特別股、原物料,甚至也能直接購買ETF,提供投資人更多元的組合。以目前市場上的平衡型基金,大致可分為四類:

第一類	投資台股的平衡型基金,此主要投資台股,搭配一些可轉換公司債。
第二類	國內基金公司發行的全球平衡型基金,個別投資內涵差異很大,需要深入了解。
第三類	是境外基金公司發行的全球平衡型基金,這類產品較重視股債分散配置,追求穩健。
第四類	組合基金,主要將不同類型的基金加以組合,又稱為 fund of funds。

* 資料來源:基富通

投資台股的平衡型基金，台股占比超過 7 成

基金名稱	三年報酬率	五年報酬率	十年報酬率
野村鴻利基金	22.84%	127.53%	206.33%
台新高股息平衡基金	38.43%	124.83%	212.84%
復華傳家二號基金	-1.79%	47.07%	146.30%
聯邦金鑽平衡基金	0.49%	71.02%	158.00%
野村平衡基金	31.3%	143.57%	189.05%
第一金中概平衡基金	20.04%	65.18%	127.50%
兆豐萬全基金	-8.14%	69.27%	102.26%
復華人生目標基金	1.58%	42.61%	112.54%
群益安家基金	-16.99%	30.29%	76.28%

* 資料來源：Lipper，統計至 2025.4.11

● 台股占投資內容七成以上，可當成是投資台股

首先分享是我個人偏好的配置，就是第一類國內投信發行的平衡型基金，這類基金主要是投資台股跟台股可轉債，多數時候台股占比超過七成以上，可視為波動較小的台股基金；加上至今到目前（2025.4）在台股市場並沒有平衡型的

ETF，所以想無腦股債配置，又想選熟悉的台灣市場，可以把平衡型基金當成核心配置。

● **最受歡迎的平衡型基金類型，股債分散持有，十分穩健**

以訴求穩健跟現金流需求的投資人來說，目前國人偏好第三類境外基金發行的全球平衡型基金，屬於傳統定義的平衡型基金，多數股債分散持有，投資全球或美國市場，追求穩健績效，投資風險多數列為 RR3。主要由基金經理人挑選股票、債券、可轉債，較少持有 ETF。由於是境外基金發行，規模較大，台灣是全球銷售市場之一，此類基金也適合納入資產配置的核心持有。

若要說最知名的平衡型基金，就是這檔台灣投資人購買金額最大、被稱為國民基金的「安聯收益成長基金」。截至 2024 年 9 月，國人持有的規模高達 7,466 億元，久居排名首位，且國人持有比重高達 47%，總投資金額達 218 億美元，佔全球規模近一半。這檔基金投資的原則為三三三，明訂投資標的為美國股票、美國可轉債、美國非投資等級債各三分之一，中長線投資績效穩健，同時有配息級別設計。

台灣銷售前5大的平衡型基金，「安聯收益成長」大幅領先第二名

基金名稱	國人持有規模(億元新台幣)	近3個月報酬率(%)	近6個月報酬率(%)	近1年報酬率(%)	近2年報酬率(%)	近3年報酬率(%)
安聯收益成長基金-AT累積類股（美元）(本基金有相當比重投資於非投資等級之高風險債券)	7426.1	3.77	4.50	11.94	19.82	2.54
摩根投資基金-多重收益基金-JPM多重收益（美元對沖）-A股（累計）(本基金有相當比重投資於非投資等級之高風險債券)	689.7	5.22	7.60	13.03	15.90	4.52
富蘭克林坦伯頓全球投資系列-穩定月收益基金美元A (acc)股(本基金有相當比重投資於非投資等級之高風險債券且基金之配息來源可能為本金)	624.3	4.88	8.09	11.46	16.71	10.02
貝萊德環球資產配置基金A2美元	238.8	4.37	6.32	14.91	20.99	1.88
聯博-全球多元收益基金A級別美元(基金之配息來源可能為本金)	174.2	5.37	7.30	16.08	20.63	3.20

＊資料來源：基金資訊觀測站，統計至2024.8.31，以美元不配息型的含息報酬率為例

● **用投資風險承受度來分類的組合基金**

最後一類的「組合基金」,關鍵要看投資屬性。一般常見的目標到期基金都是屬於此類,這類基金不直接購買股票或債券,而是挑選股票基金與債券基金或相關 ETF,來構成自己的投資組合,也都各有三個不同風險屬性的組合基金。

如以目標到期基金來說,國泰投信有發行 2029、2039、2049 三種不同產品,安聯跟群益也都有類似保守型、穩健型、積極型的組合基金,投資人可依自己的風險承受度來挑選。

債券關鍵字:3 ～ 10 年中天期、A 級以上公司債

如果想自己做股債配置,以一般人跟小資族的方式首選,還是債券 ETF 或是債券基金。記住幾個挑選的大方向,再根據自己的資金跟風險承受度來分配比例,就是算是一個健康的資產配置。

● 最高評級美國公債，有類現金部位和波動適中的平穩部位

先來認識美國公債，依照「時間長短」來區分，簡單來說，時間越長的債券，對利率波動越敏感。

0-1 年短天期公債（類現金部位，巴菲特青睞）：美股 ETF 代表為 SHV、SGOV，台股 ETF 代表為 00864B、00859B。

1-3 年短天期公債（波動小，適合資金停泊）：美股 ETF 代表為 VGSH、SCHO，台股 ETF 代表為 00694B、00719B、00856B。

3-7 年中天期公債（波動較短期大，有優於短債的殖利率）：美股 ETF 代表為 IEI，台股目前沒有對應的 ETF。

7-10 年中天期公債（波動適中，利率敏感低於長天期）：美股 ETF 代表為 IEF，台股 ETF 代表為 00697B、00695B。

20 年長天期公債（波動大，可對沖系統性風險）：美股 ETF 代表為 TLT，台股 ETF 代表為 00679B、00687B、00696B、00795B、00857B、00931B。

● 信用評等 BBB 以上的投資等級債，相對安全

再來分享投資等級債（LQD），債券的利率主要是以照企業的「信用評等」來定錨，上段分享的美國公債，就是

最高評級 AAA，向下還有 AA、A、BBB、BB、B、CCC、CC、C、D，總共分為 10 個等級。

信用評等在 BBB（含）以上就可以稱為「投資等級債」，而想獲得 A 級以上評等是相當不容易的，**目前拿到 AAA 評級的企業只有微軟跟嬌生，也就是債券票息率高於美國公債，但無風險程度等於公債**，代表違約率相當相當低；就連全球市值最大的蘋果信評 S&P 信評也只拿到 AA+。

大多的企業為 BBB 級，這類高評級的投資級債券適合多數投資人持有，同時也是相對安全的防禦型資產。分為兩大類型：

高評級債券（**A 級以上**）：美股 ETF 代表為 BND（美國）、BNDW（全球），以 100% A 級債的台股 ETF 代表為 00751B、00746B、00761B、00772B、00777B、00754B、00853B、00950B。

投資等級債券（**BBB 級以上**）：美股 ETF 代表為 LQD，台股 ETF 代表為 00720B、00937B、00966B、00890B、00970B。

投資等級債券是不少基金經理人喜歡配置的標的，這幾年也成為息收訴求的首選，主要是因為波動幅度相對長天期公債小，是保守型投資人的投資優選；再來就是雖然重大事件也會影響價格，但是它的修復期相當短，這些低點甚至

CHAPTER 5
一分耕耘、百分收穫的資產長大術

美國公債不是天期越長越好！

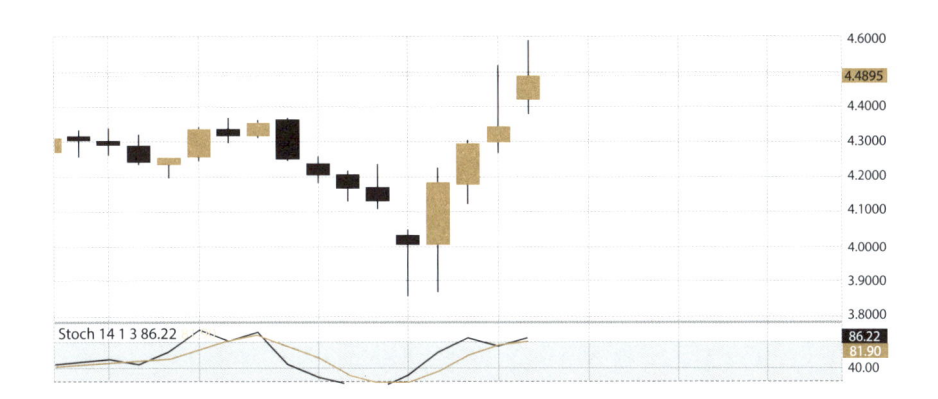

➡ 美國十年期公債殖利率，在 2025.4 川普宣布關稅風暴時飆升

是投資人值得趁勢加碼的好時機。

另外相較於公債，投資等級債券擁有較高的殖利率，根據統計，投資級債多數時間的利差都比長天期公債高出 2% 的水準，不只可作為熊市的資金停泊，也是對抗通膨的好幫手。

這幾年因為聯準會暴力升息，所以投資人一窩蜂將資金轉進美國長天期國債，目的是要對賭降息後的資本利得，為了領息的現金流則配置高股息 ETF，其實這是完全搞錯商品

特質，把債券當股票，又錯把股票當債券。

要特別留意信用評等在 BB（含）以下則稱為「非投資等級債」，就是俗稱稱為「高收益債券」或「垃圾債券」，是相對較有投資風險的債券商品，這類評級低的商品基本上無防禦作用，易跟股票同漲同跌。

● **資產配置中天期公債，進退彈性最高**

但我必須反覆提醒債券的本質是領息，定義為「防禦性資產」，而高股息 ETF 背後終究是一籃子股票，沒有學理上的負相關，遇到股災時也無防禦力；千萬不要把債券和股票的特性搞混。

若期待資本利得帶來的資產成長，就不該重押債券，資本累積的關鍵還是要靠股票等風險性資產，而債券要著重的是防禦力，也就是控制投資風險跟帶來息收的固定收益。如果是在意資產累積的長期投資人，股票部位應該大於債券部位，但也不能完全沒有債券喔！

再來就是，**請記得美國公債建議持有以「中天期」為主，就算開始降息循環，購買長天期公債仍有高度波動的風險**，這件事情在 2025 年 4 月的川式風暴時也發生過，美國 10 年期公債殖利率一週內暴漲超過 0.5%，創下 2001 年來最大升

商品	成交	漲跌	幅度
統一美債 20 年	14.06	0.52	3.57%
富邦美債 7-10	36.14	0.55	1.50%
元大美債 1-10	36.44	0.61	1.65%
中信美國公債 0-1	47.95	0.12	0.25%
群益 0-1 年美債	43.15	0.08	0.19%
群益 ESG 投等債	14.79	0.50	3.27%
凱基 A 級公司債	14.19	0.41	2.81%

幅。輕忽風險重壓長債，容易讓送分題變成送命題！

想替自己的投資組合建立防禦性，選擇中天期公債會比較有進退的彈性，如果有考慮增加現金流，也許能將投等債的比例配置多一些。

從上圖可以很明顯的看出，天期越長、波動就越大，儘管是投資級債也是一樣。股債配置固然重要，但投資人要徹底理解債券之間不同的特性，未來才能做出靈活的投資佈局。

債券重點摘要

- 美國公債是股災時資金的避風港。
- 美國公債天期選擇適中即可,長天期價格波動比較大。
- 評級越好的公司債(A級別以上),跌幅越小。(假設存續期間相近)
- 非投等債(俗稱高收益債)在股災時,跟股票同跌,表現最差。

CHAPTER 5

一分耕耘、百分收穫的資產長大術

建立不同帳戶
「專款專用」準則

要打造個人財務穩健配置跟家庭財務網，不同帳戶的配置是關鍵，越重要的錢越要鎖起來；下面就分享我們家的四個不同用途的帳戶，以及如何和另一半好好談錢、好好用錢、好好經營彼此的未來生活。

伴侶間明算帳，是為了彼此生活得更舒服

我們家庭支出分配的大原則，是由先生負責「需要」的部分，例如必須的開銷（食、住），包含水電、瓦斯、房貸

和周末聚餐等等，我則是負責「想要」的部分，也就是衣、行等等；家庭旅遊是由開心帳戶支出，因為有兩個小孩，那就兩人各自負責一個孩子的學費，簡單又乾脆。

上述帳戶的前提是，**自己的錢跟家裡需要用的錢不要搞混**，至於要不要跟另一半一起投資或是將收入並在一起計算，我的答案永遠都是「不用」，經濟獨立是作為成熟成年人的基本條件。

這邊想表達的並不是鼓吹大家藏私房錢，而是當你經濟獨立了之後，人格才會獨立。任何人都應該要有能力好好養活自己，好好照顧孩子，就彷彿自己是「單身」跟「單親」一樣，我認為有這樣的能力，才有條件去談對等的關係。

我想特別對女性讀者說說自己開始投資理財以來的感想。熱門影集《童話故事下集》在 2025 年初掀起很大的討論浪潮，不少未婚女性發現，一直以來都誤會結婚證書帶來的是安全感，但真正的安全感其實來自婚後的經濟獨立；女性經濟獨立，可以保護自己和重要的家人，加上經濟來源如果完全依賴家庭或另一半，生活將變得十分脆弱。在關係裡的經濟獨立，能提高妳的話語權跟選擇權，這也是我很強調經濟要自主的關鍵。

CHAPTER 5
一分耕耘、百分收穫的資產長大術

四種不同的帳戶，從投資、旅遊和教育基金都有

火箭帳戶

累積資產專用
核心資產放這邊，也可視為退休金帳戶，專門用來投入到金融市場。

【金額】個人每個月收入的 30%

開心帳戶

旅遊／創造回憶
家庭旅遊金，或是家裡可能有大型家電添購換新就從這裡支出。

【金額】每人每個月各撥款 5,000

果園帳戶

能採收、也能播種的家庭共同帳戶
若有共同貸款可以從這裡撥款，孩子的保險費也從這裡撥款，投資加碼的錢會從這裡來。

【金額】每人每個月各撥款 6,000

鐵塔帳戶

非必要不去動用
為小孩存的子女教育金。

【金額】每人每個月各撥款 5,000，等於幫孩子一個月定期定額扣款 1 萬。

回到伴侶之間的經濟分配，雖然我強調要保有經濟獨立自主，但這跟共組家庭並不衝突，只要雙方事先約定好、討論過就行。謹記在這段關係裡，伴侶雙方就是合夥人、就是隊友，彼此的目標是共同的，也就是要這間公司（這個家）長期發展向上且穩定，各自都是公司股東，彼此要有責任感。

不需要討論的花費，以及共同承擔的花費

　　上述的四個帳戶，除了火箭帳戶是個人投資用之外，其他都是屬於家庭共同帳戶，也就是雖然經濟獨立，但共識就是各自在需要負責的範圍一起持家。像是玩樂帳戶，我們會一起討論國旅或是出國，疫情之後一家四口出國一趟就要 15～20 萬，若改成國旅，則可以全家住飯店、一泊二食二十次，一年也不需要玩二十次那麼多，抓個八次，旅遊經費就降到 8～10 萬，一樣是創造回憶，所需要的金額就不同。

　　用果園帳戶裡支出大型家電，指的是萬元以上的產品，像是電視和洗衣機這種大型家電我們會一起討論，但大部分

是我決定之後從果園帳戶出錢；一般家電像是我曾經看到一個很美的奶茶色氣炸鍋，放在廚房看了好療癒，由於我有經濟能力，無需跟先生討論就自己買單了。先生則是想要一台火力強大的微波爐，那就由他自己買單。

我們家雖然平日晚上不開伙，但小孩上學的餐具或是在家吃早餐的話，一樣會有待洗的碗盤，洗碗原先是先生的工作，他就選擇由他個人買單一台洗碗機來替他該做的工作。這種平等且和諧的關係，不只是健康且舒服，更不會因為計較誰付出得多少而產生爭執。

在台灣的法律，夫妻婚後所有財產為「共同財產制」，如果真的分道揚鑣，法律上給彼此的保障是剩餘財產分配權，雖然是權利，但我看過太多翻臉跟翻書一樣的案例，不願意給的要走上訴訟之路，耗時耗錢也耗心力。有一種方式是在婚前去約定個別財產制，也就是在婚姻關係中，夫妻之間經濟完全獨立，互不干涉，針對家庭要用的錢共同約束規則即可。

家中金錢支出是否公平分擔，並不是維繫和諧關係的唯一解方，**希望各位在跟另一半溝通的同時，可以去理解在談論金錢跟經濟負擔分配的背後，如何看待彼此的付出，以及雙方對彼此的期待是否有達成共識**，這才是最重要的。

最有價值的資產,是自己!

經濟獨立的意思,絕不是急著立刻把錢丟去市場投資,而應該是好好投資自己。你所賺的每一分錢,都是你對這個世界認知的變現,你所虧的每一分錢,都是你對這個世界認知有缺陷,我們永遠賺不到超出認知範圍之外的錢。

投資市場的同時,也要投資自己

「認知」決定了人生的方向與高度,在這個變化劇烈的時代,人與人之間最大的差異,往往不在資源或出身,甚至

CHAPTER 5
一分耕耘、百分收穫的資產長大術

不是努力的程度，而是認知的深度；有些人還在為了眼前一點點利益爭得頭破血流，而有些人早已轉身，看見了更長遠的機會與價值。他們不是更幸運，而是選擇了以不同的角度看世界；**很多人之所以無法突破現狀，不是因為能力不夠，而是因為從未被提醒，世界上還有另一種可能。**而認知，就是這種可能的打開方式。

什麼是認知的力量？**認知，不只是知識的總和，更是一種看待世界、解讀事物、做出選擇的能力**；這個能力可以幫助我們從選擇工作，選擇朋友，選擇伴侶，也就是因為夠有智慧並且握有選擇的能力跟權力，可以落實「努力的意義是，放眼望去，眼前都是喜歡的人事物」。

● 不要小看自己的興趣和擅長的事，都可能成為斜槓的收入

投資自己之後，格局跟眼界都會放大，能在混亂中看出本質，在機會尚未出現前，就已做好準備，擺脫過去總是忙著應對眼前的瑣事，疲於奔命卻無法前行；要建立金融知識或財商，先挖掘出自己的興趣跟擅長的地方，利用且強化個人優勢，持續提升自己到領域中具有影響力的層面，也許你認為自己現在是受限於辦公室的上班族，但可以透過網路或

電商創造第二收入來源。

　　我遇過一個年輕的行政職同事,很有美術天分,她積極地幫自己開源,不只是上架賣貼圖,就連手寫字商機她也沒放過,下班之後接案子,幫客人寫婚禮小卡或是精品業的邀請函。因為她認真負責且作品有質感,之後成功地建立了自己的個人品牌。

　　全職媽媽也不用擔心自己因為想陪伴小孩而沒有辦法上班,別忘了你是有能力工作,只是目前選擇不工作,認同並了解自己是有能力的,母親才是全世界最偉大的工作啊!我自己也是一位媽媽,非常能理解。全職媽媽想開源也不難,經營社群是最直接的方式,有機會接到母嬰的商業合作,甚至賣小孩的二手物品,都是一個又一個的機會。

● **閱讀和旅行,是接觸全新風景和認知的機會**

　　另外,我認為保有閱讀的習慣是最好的投資。我因為工作的關係,時常需要搭高鐵通勤,在高鐵上大部分的人都在滑著手機,我選擇看書,因為我深知閱讀跟學習,就是用前人的智慧做自己的地圖,**我們無法親自經歷所有,但閱讀能讓我們跨越時空、理解更多生命狀態**;書中的內容並不一定是標準答案,但它提供的是更好的問題,更準確的提問方式。

CHAPTER 5
一分耕耘、百分收穫的資產長大術

　　投資自己的方式還有旅行，有意識地去探索世界，親身走出去看見不同的文化與現實，去體驗未曾經歷的風景與挑戰，<u>**這不只是「旅行」，而是打破習慣性視角的一種方式。**</u>再來就是珍惜每一次和不同領域的高手對話，身為 E 人的我，很享受和真正有深度的人聊天，他們的選擇與思維方式，在無形中影響了我看世界的焦點與邏輯。

　　真正影響命運的，往往不是一次決定，認知高的人看的是全局與趨勢，認知低的人看的是當下與輸贏；每一個你賺到的結果，都是對這個世界理解的變現；而虧損的每一分，其實也提醒著你哪裡還需要提升。

　　不要只把注意力放著怎麼賺錢、怎麼脫困，你真正要自問的，是當下的思維是否跟得上想要的生活？當你開始認真地投資自我，世界會回以你前所未有的可能性。

財務管理跟體重控制，其實異曲同工

　　稍微離題一下⋯⋯大家應該都有體重管理的經驗吧？2024 下半年，我深感自己即將進入不惑之年，由於長期在螢光幕前的關係，體重管理可說是職業道德的一部分，而年

紀較輕時透過節食搭配輕度運動，就能維持良好的體態，但事實上這樣下來長期的結果是看起來纖瘦，肌肉量卻不足。隨著年紀漸長、基礎代謝率也逐步下降，我選擇不是少吃、而是吃正確的食物、加入重量訓練跟做有氧運動，提高我的基礎代謝率。維持輕盈卻更健康，整個體態跟身體狀況持續邁向更好；而在重量訓練跟吃對食物的體重管理過程中，我忽然發現其實體重管理跟投資理財是非常相似的。

● 打造財務上的熱量赤字，不要想賺快錢

大多數人以為的理財是一門複雜的技術，需要掌握各種投資工具、精算利率走勢、甚至得盯盤。但其實，真正能長期撐起財務穩定的，不是這些「表面功夫」，而是一種更基礎的原則：**財務上的熱量赤字**。

這是什麼意思呢？如果你曾經嘗試減重，就會知道一個不變的事實，要瘦下來，攝取的熱量必須低於消耗的熱量。這就是所謂的「熱量赤字」，簡單、直接，但卻是所有減重方法的根本。不論是斷食、低醣飲食，還是有氧運動，最終都得回到這個核心公式。

在財務管理上也有類似的邏輯。無論選擇什麼投資標的、採取何種存錢方式，若無法做到收入高於支出，就無從

CHAPTER 5　一分耕耘、百分收穫的資產長大術

累積財務能量。**這個「賺的錢比花的多」的差額，就是金錢世界裡的「熱量赤字」**；收入必須長期高於支出，才有能力累積財務上的盈餘；否則，就會像吃得比消耗多的人，時間久了只會囤積越來越多的「財務脂肪」，也就是負債與壓力。

累積太多身體脂肪想減重瘦身的人，因為急於達成目標，有些會選擇吃減肥藥或是來路不明的瘦身酵素，只看到可能變瘦的機會卻忽略傷身的風險；這就跟聽信明牌，不問三七二十一就押身家的韭菜，希望靠著一次性的暴利、靠消息入場的投資翻身。

然而，不論是健康管理還是投資理財都沒有奇蹟，只靠著偷吃步跳過熱量赤字的過程，最後則是落成一場空，**因為沒有真實的赤字，體重不會掉；沒有真實的財富收入，資產也不會增長。**

除了飲食很重要之外，想要加速體重管理的效率，則是得動起來提升基礎代謝率，就是「少吃多動」，和身體需要透過運動提升基礎代謝率。運用在理財上的概念，就是積極增加可以投入創造資產的比例，提升自己的收入，進一步放大投入市場的現金流，這樣一來可以讓資金更有效率的運動，創造本利和極大化，走向財務健康化。最後在退休階段，被動收入的現金流也能自然建構，**當資產自己能夠「賺錢」，**

<u>就像身體在休息時也能燃燒熱量，這才是財務自由真正的開始。</u>

● 努力成為可以「讓錢自己賺錢」的體質

　　財務自由並不是一瞬間就發生的，它更像是一種「體質改變」。這種改變，來自你對收支的自我覺察、對資產配置的策略，以及對習慣的堅持。就像健康的身體是每一餐、每一場運動累積出來的，財務上的自由，也是每一次消費選擇、每一筆投資決策、一點一滴堆出來的結果；不論是健康或金錢，短期的衝刺都不如長期的節奏。那些真正改變體態與財富的人，靠的不是極端手段，而是懂得回到基本原則，並用一種穩定、可持續的方式貫徹它。

　　健康體態可以維持的關鍵，就是要持續的運動且吃的健康，財務上也一樣，到達一定的資產量之後，我們要做資金配置，背後的關鍵策略就像是把你的財富種子撒在不同的土壤裡，期待它們茁壯成長；如同你了解自己對什麼食物過敏，理解吃什麼食物對健康有益；必須也要了解自己的風險承受能力，當我們播下財富種子後，你喜歡安穩地看著樹木慢慢長大，還是願意冒點風險尋找更快速成長的方法，這將攸關資產能否符合你期待的茁壯速度。

最後請記住，理財和瘦身一樣，都不是一夜之間就能見效的；耐心和堅持是走向成功不可或缺的關鍵；**理財其實就像控制體重一樣，最困難的永遠是開始時的自律，但只要習慣建立，一切都會開始變得自然。**

特別附錄

從小培養孩子財商，讓他成為富一代

曾擔任美國聯準會（Fed）主席長達十九年的葛林斯潘（Alan Greenspan）曾說過：「文盲雖然會讓生活不便，金融文盲卻會讓人無法生存，比文盲更加可怕。」

從三歲開始到十八歲，三個階段養成富一代

透過這句話想告訴各位，孩子的財商一定要盡早培養。**教孩子學習兒童財商，不一定會變成有錢人，但他長大後一**

定會具備獨立思考、不盲從的判斷力。千萬不要害怕跟孩子談錢，父母就是孩子的理財導師，學校教我們讀書學習知識，但圍繞在我們身邊、天天會接觸使用的金錢，該怎麼分配跟管理，卻從來沒有從小教育，因此父母就扮演了至關重要的角色。從日常生活中的小事來教導孩子如何落實金錢管理，理財教育和其他知識教育同等重要。

要從小開始培養孩子對金錢的正確認識和消費心態，可以在不同的年齡循序漸進地開始建立起受用一輩子的財商。

● 三～六歲的幼兒期，讓孩子認識金錢的概念

在這個階段，孩子對世界充滿好奇，**爸媽可以透過遊戲、故事等方式，讓孩子理解金錢的基本概念。**跟爸媽出門時，就能看到最基本的金錢交換，透過玩「商店遊戲」，用玩具錢幣來購買物品，分別當老闆跟客人，讓孩子學習交易的概念。

這個階段可以試著用小豬撲滿讓孩子學會存錢，告訴他們：「如果今天把錢存起來，未來就能買更想要的東西。」

● 七～十二歲的兒童期，讓孩子學習如何管理零用錢

上了小學之後，當孩子有了零用錢時，是進一步培養理財觀念的好時機。**爸媽以引導孩子將零用錢分成「存錢」、**

「花錢」兩部分，學會資金分配的概念。

可以建議孩子將每週零用錢的一部分存起來，未來可以買更想要的東西，學習延遲享樂，這樣不只能培養孩子的理財能力，也能建立正確的價值觀。在這個階段可以讓孩子參與家庭購物的過程，教他們如何比較價格，做出聰明的消費決策。

● 十三～十八歲的青少年期是關鍵，可學習預算與投資

除了進入叛逆期之外，青少年的慾望也無窮。孩子對金錢的需求增加，**可以趁機會讓孩子自己制定預算，讓他們理解如何分配有限的資金。**

因為理解了資金有限、但慾望無限，爸媽可以在這個時間點跟孩子討論投資觀念，透過投資有機會加速累積財富，進而了解「錢滾錢」的資本市場運作概念；也可以透過書籍或是電影等傳記，讓孩子知道，許多成功的企業家都是從年輕時期就開始接觸投資，並養成良好的理財習慣。

正因為早早踏入市場，才能完整體會複利的奇蹟

愛因斯坦說過：「複利是世界第八大奇蹟。懂的人，可因此獲益；不懂的人，將為此付出代價。（Compound interest is the eighth wonder of the world. He who understands it, earns it; he who doesn't, pays it.）」巴菲特的雪球理論也是一樣的道理，「人生就像滾雪球，而影響雪球大小的關鍵是夠長的坡道和充足且夠濕的雪量。隨著雪球越滾越大，象徵投資的成果。（Life is like a snowball. The important thing is finding wet snow and a really long hill.）」

● 爸媽負責挑選好標的和好報酬率，接下來就交給時間

為什麼愛因斯坦說是複利是世界八大奇蹟呢？原因在於它的驚人效果。複利能使錢的價值隨時間呈指數成長，即使投資額不變，因為利息會生利息，也就是說你的錢會繼續生出更多錢，儘管只是小額資金，選對坡道，越早開始投資，就有機會像滾雪球一樣，把資產越滾越大；<u>上天給孩子最棒的資產就是時間，透過時間力量的加速，體現複利的放大效</u>

果，即早開始幫孩子規劃投資理財，是最富有的人生決定。

　　雪球滾大的因素有三個關鍵，首先是雪球（本金／投資標的），再來是夠長的坡道（時間）和充足的雪量（報酬率）。**而這三個關鍵有兩個得靠爸媽，就是本金雪球（投資標的），再來就是充足且夠濕的雪量（報酬率）**，父母選好雪球之後，回測確認雪的濕度夠不夠（過往的投資報酬率），建議可以從五、十年來確認，以及我還會特別看度過牛熊的經驗，確認是濕度夠的（淨值長期向上），接下來就可以開始讓雪球越滾越大，孩子則是這段長坡道（時間）的主人。

● 分散風險、長期向上的指數型 ETF 最適合

　　因為孩子理財的最大優勢是「時間」，我的建議就是從最簡單的市值型 ETF 做為投資起點。市值型 ETF 汰弱留強、分散風險的機制適合長期持有，請記得沒有永遠強勢的個股，但有持續向上的大盤，孩子的時間複利優勢最適合跟市場一起成長。

　　若以台股指數型 ETF0050 的年化報酬率 8% 試算，從小孩剛出生就每月定期定額投資 5,000 元，隨著時間的複利效果，持續到小孩 22 歲，本金 133 萬，但資產已經有 360 萬元，這可以做為小孩的第一桶金，無論想出國唸研究所或

是創業,是一筆孩子的圓夢基金。市值型 ETF 只是舉例,關鍵在於要善用時間的複利效果,盡早開始孩子替孩子打造又濕又長的雪道,滾出大雪球。

讓孩子思考:我們為什麼要工作? 為了誰賺錢?

除了上述不同時期的親子財商學習之外,以下也分享幾點爸媽重要的心理建設。首先,不要害怕跟孩子談錢,在孩子才兩、三歲的時候,我就會在日常生活中跟她說,這個有打折,或是跟先生談到繳學費的時候,會說這個是要付給學校跟老師的錢,那這個錢從哪來的呢?是爸爸媽媽工作跟投資得到的。

● 了解上班工作的意義

工作又是什麼呢?投資又是什麼呢?孩子可能聽不懂具體的金融詞彙,但不要因為孩子不懂而不說,我會告訴孩子,工作就是付出自己的時間、專業跟腦袋的知識,「錢」就是大人努力的回報!可是社會上有很多工作,每個人得到

的錢不會一樣，想買比較貴的東西，是不是就要賺更多錢呢？在討論的對話中，**孩子會思考工作的意義，也知道金錢來源並非從天而降，而是要靠付出才能得到，這個過程會形成對金錢正確的理解和態度。**

再來，跟孩子解釋「需要」跟「想要」。這過程是價值觀的判斷，以及生活樣貌的縮影，日常生活中，爸爸媽媽可以把孩子當成大人，在孩子有慾望的時候，簡單地說明什麼是需要跟想要，為什麼需要節約和管理金錢。

● 錢要花在什麼事物上？買和不買的原因是什麼？

例如，當孩子很想要一個玩具，可是家裡其實有類似的，以及玩具有階段性，小孩容易玩膩，並不具備長期價值，我就會問孩子，花一樣的錢，要不要考慮買文具，例如彩色筆、可隨身攜帶的蠟筆、繪本或是貼紙簿，並假設使用情境：你看，這些筆跟繪本可以隨身攜帶，在高鐵上或是餐廳都可以用，是不是很實用呢？**引導並建構孩子的價值選擇，讓他到長大後能具備正確的金錢觀**，避免揮霍無度留不住錢。

接著，可以在消費過程跟孩子討論；這裡的消費過程是指大人之間的討論，比如說跟先生在討論要添購家中物品，我們也不避諱讓孩子了解跟參與討論，因為除了態度外，小

孩也會模仿父母的金錢使用方式，所以重點在於要避免使用「錢不夠啊」或是「因為爸爸媽媽沒錢了」這樣的說法。

這樣的說法會造成兩個很大的影響，第一是會讓孩子對金錢沒有安全感，第二是會讓孩子認為爸爸媽媽沒有好的理財能力，孩子就不會覺得自己要擁有並學習好的理財力。**家長可以告訴孩子在購物當下的考慮因素**，例如為什麼選擇一種產品而不是另一種，也可以直接告訴孩子「這個我們不需要，現在不用買」，或是「不用買那麼貴的」以及「等有特價的時候再買」，而這個一樣的東西若再特價的時候買，可以讓我們留下更多可用的錢（價差），這個錢可以一起去吃一次鬆餅下午茶或是去兒童樂園玩等等，用孩子的價值觀同理。

● **設定簡單的目標，了解存錢和投資的好處**

還有一點非常重要，就是讓孩子實踐存錢的能力，給孩子零用錢就是一個很好的開始。理財的重要一環是學會存錢，**可以先幫孩子立定一個存錢的目標，例如存下足夠的錢買想要的玩具或其他物品，學會延遲享受**，更具體理解需要跟想要，同時有「自己的錢」。

這個存錢的過程可以讓孩子有成就感，而我還會用孩

子存下的部分錢幫他投資,並且帶他一起看對帳單。透過投資,**讓孩子知道把存下來的錢投在正確的投資工具上,就可以滾出更多的錢**。雖然孩子還無法完全理解,但這些觀念會慢慢在他們的頭腦中生根發芽。

最後的關鍵,就是讓孩子學習分配金錢的能力。零用錢就是孩子自己的錢,孩子有完全的支配權,作為家長,我們可以從旁協助孩子如何合理地分配和使用這筆錢;可以開心花費,買想要的東西,但如果是壓歲錢這種比較大筆的錢,爸爸媽媽會幫他拿去投資。

也可以教孩子捐贈做善事的概念,大部分的超商櫃台都有可捐贈零錢的透明箱,很適合讓孩子自己投入零錢,讓他知道在自己能力範圍所及幫助別人,雖然錢好像變少了,但獲得心靈的富足。這樣的做法能有效的讓孩子有學習分配跟管理金錢,並進一步學會控制自己的支出。

● 帶孩子一起打造正確的理財觀

在日常生活中,就可以幫孩子內建理財力,而爸媽就是最好的導師。透過在生活中積極地示範和教育,就算是現在行動支付普及,還是可以透過網銀 APP 跟圓餅圖讓孩子了解社會經濟背後運作的邏輯。財商教育不只能幫助孩子在成

長過程中建立健康的金錢觀念，更是替他們將來的理財力跟財務獨立所打造出最堅實的基礎。

從小就建構財商教育，將會影響成年後的金錢觀，而這將就會是核心的人生觀。我遇過很多父母會認為，自己都沒有足夠的財商知識，該怎麼教小孩呢？發現了嗎？**上面跟大家分享的都不是什麼艱深的投資心法，而是從日常就可以落實的習慣**。爸媽自己本身若能理解言行舉止對孩子至關重要，其實也能跟著孩子改變，成為更好的人。

零用錢是最好用的財商養成工具

落實親子理財跟兒童財商，最直觀的方法就是在日常生活中跟孩子談經濟話題，像是升息、降息、貸款、關稅貿易戰等等，接著讓孩子幫爸媽付錢，用信用卡或 APPLE PAY，介紹信用卡的功用和行動支付；以及透過零用錢的給予讓孩子自己學習分配金錢，進一步養成好的金錢習慣，培養經濟思維。

幾歲可以給孩子零用錢呢？大部分的爸媽都認同國中開始必須要給，所以我們只需要討論什麼時候可以開始，以及

該給多少。我建議可以分為三個階段。

● 【階段 1】學齡前，三～六歲，單次 10 ～ 50 元

最好的時機是五到六歲，更建議用「集章／集點」方式兌換獎勵，來取代給予真錢。例如一個蓋章代表 5 元，集滿 20 個章就等同可以獲取 100 元獎勵。可採取累積制度，讓小孩自己選擇要延遲享樂，還是一次花光，重要的是讓他自己做決定。

● 【階段 2】小學一～三年級，一週 20 元，
　一個月 100 ～ 150 元

除了生活「必要支出」由父母負擔外，零用錢則是獎勵金的概念，該如何得到呢？例如一個禮拜要遵守一個約定，或是一次考試成績進步；不一定要 100 分，只需要跟自己比較有進步，就值得獎勵，零用錢同樣要讓孩子自己完全決定想用在哪。

● 【階段 3】小學中高年級（四～六年級），
　一週 50 元、一個月上限 200 元

這個年紀同儕影響跟慾望會增加，是很好訓練「用錢」

的時機，藉此學會自律感恩耐心等待，並設定存錢的目標。例如一個月 200 元，累積五個月則會有 1,000 元。

1,000 元跟 200 元比起來，能買的東西大不同，讓孩子藉機會練習取捨，並學會延遲享樂。

透過零用錢的獲得和規劃使用，作為鍛鍊財商的工具，孩子將獲得四大成長：

（1）學習金錢的價值：世上沒有搖錢樹，爸媽也不是搖錢樹，孩子會了解到金錢需要努力才能獲得，進一步懂得珍惜和感恩。

（2）培養正確的消費習慣：透過「花自己的錢」的消費經驗，理解金錢跟資源都是有限的，就會學習如何做出明智的選擇。並不是可以想得到什麼就得到什麼。

（3）練習理財規劃：因為知道金錢跟資源都是有限的，所以孩子會要學習如何分配零用錢，並規劃短中長期的理財計劃。

（4）強化自信跟責任心：讓孩子對自己的財務負責，培養自主決策的能力，也會更有自信心。

不要光是單純的給予零用錢，藉此培養孩子的有錢人思維，從小理解金錢的力量，會更聰明的使用金錢，而在他未來的人生，懂得解決金錢的分配問題，也會少了許多煩惱。

後記

理財，
是掌握人生的關鍵！

　　在這本書的最後，希望各位先謝謝自己，願意花時間閱讀，投資並提升自己，並且透過思考，建立屬於自己的眼界。曾經我也是理財小白，也踩過雷，成為了母親跟職業婦女並沒有阻礙我對自己理想生活的追求，我持續用閱讀與學習，讓思想打開新視野，尤其是透過閱讀。書是最安靜的導師，帶領我吸收前人的智慧，讓我的判斷力越來越強，選擇也更有力量。

後記

　　我選擇持續深耕投資理財領域，身為財經主持人，我珍惜每次和有深度的人連結，讓對話成為養分；請記得現在接觸的人際圈，會成為你的未來。每一場與高手的對話，都是一次視野的擴展，他們的思維、態度與選擇，會默默幫你打磨出一雙新的「看世界的眼睛」。

　　很多時候，我們以為賺不到錢，是因為不夠努力。但真相往往是：我們還不懂得怎麼看、怎麼選、怎麼判斷——這就是認知的價值。**真正的經濟獨立，不只是錢包鼓不鼓，而是內在是否足夠強大，足以為自己的選擇負責，足以擁抱未知、創造可能。**我想特別為這本書的女性讀者們加油打氣——

　　給現在 20～30 歲的妳，雖然收入不高，**但請盡早開始定期定額投資，並且持續投資自己**，追求更高的收入跟社會地位，創造累積資產的機會。請記得區別想要跟需要，學習理財、拒當月光族、做聰明的消費者，善用方法穩健累積財富，別小看這過程之中累積的真實力，那是別人永遠偷不走的寶藏。

　　給左右為難的 30～40 歲的妳，也許已經是母親，我跟妳在同一條船上。母親是家裡重要的財務長，透過妳專業的判斷跟理財規劃，才能建構完整的家族財務網，跟先生共同累積子女教育金，**盡量讓收入投入到市場，持續累積退休後**

的靠山。想要退休得漂亮務必掌握兩個要領：千萬不要因為金額少而不開始，切記所有的財富都是從小錢開始長大；再來，別急別貪快，風險永遠擺在獲利之前。

而無論在人生哪個階段的妳或你，都要記得別讓拖延症阻礙自己開始投資，一直站在泳池邊是學不會游泳的，也許你看了很多財商書籍、徹底研究了投資商品，卻始終沒有付諸行動去實踐，那麼結果只會停滯不前；不要拖延、不要找藉口，讓你無法成為富人的絆腳石，就是漫無目的的偷懶。

開始行動之後，「不輕易動搖已認定的信念」，別因為人云亦云隨便追逐熱門標的或商品，不要被外界聲音輕易影響，必須讓自己成為那個能夠看穿局勢、看懂機會、看透自己的人，才是真正通往財富自由的路；明確知道自己的目的地在哪，就容易比別人更早抵達終點，累積財富亦然。

最後，希望各位保持良好的運動習慣。**健康存摺的重要性絕對高於金錢存摺，沒有了健康，坐擁金山銀山也毫無用處**，理財跟健康管理是一樣的，並不是指刻意瘦身，或是一定要排出時間找教練重訓，而是要養成規律且能持續執行的運動方式，就像定期定額一樣；簡單的睡前瑜伽伸展、晨間慢跑、或是下班後的快走運動都算是，透過「動」來維持身體健康機能跟愉快的心情，有健康的身體，也才有資格享受

接下來的富有人生。

你賺到的，是你看懂的；你守得住的，是你駕馭得了的。
我們一起成為更好的自己。

〈基金小姐姐〉

詹璇依

富能量 137

翻轉月光焦慮的理財必修課

投資，是存給自己的安全感。用 ETF 搭配科技基金，
打造 3 年獲利 100%、資產翻倍的安心財務計畫

作　　　者：詹璇依
責任編輯：賴秉薇
封面設計：Bianco Tsai
內文設計、排版：王氏研創藝術有限公司

總　編　輯：林麗文
副總編輯：賴秉薇、蕭歆儀
主　　　編：高佩琳、林宥彤
執行編輯：林靜莉
行銷總監：祝子慧
行銷經理：林彥伶

出　　　版：幸福文化／遠足文化事業股份有限公司
地　　　址：231 新北市新店區民權路 108-3 號 8 樓
粉　絲　團：https://www.facebook.com/happinessnbooks
電　　　話：(02) 2218-1417
傳　　　真：(02) 2218-8057

發　　　行：遠足文化事業股份有限公司（讀書共和國出版集團）
地　　　址：231 新北市新店區民權路 108-2 號 9 樓
電　　　話：(02) 2218-1417
傳　　　真：(02) 2218-8057
電　　　郵：service@bookrep.com.tw
郵撥帳號：19504465
客服電話：0800-221-029
網　　　址：www.bookrep.com.tw
法律顧問：華洋法律事務所蘇文生律師
印　　　製：呈靖彩藝有限公司

初版一刷：2025 年 7 月
定　　　價：400 元

國家圖書館出版品預行編目 (CIP) 資料

翻轉月光焦慮的理財必修課：投資，是存給自己的安全感。用 ETF 搭配科技基金，打造 3 年獲利 100%、資產翻倍的安心財務計畫／詹璇依著 .-- 初版 .-- 新北市：幸福文化出版：遠足文化事業股份有限公司發行, 2025.07
　　面；　公分
ISBN 978-626-7680-48-3（平裝）

1.CST: 股票投資 2.CST: 投資技術
3.CST: 投資分析

563.53　　　　　　　　　114008095

Printed in Taiwan
著作權所有侵犯必究

【特別聲明】有關本書中的言論內容，
不代表本公司／出版集團之立場與意見，
文責由作者自行承擔